Das GROSSE BUCH der Häkelmuster

Die schönsten Häkelmuster

Granny Squares –
Stück für Stück zum Erfolg

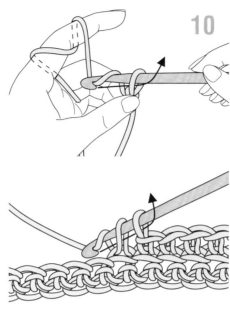

Das Basiswissen Häkeln wird ganz
genau in Wort und Bild erklärt.

Trendidee Tapestry:
Viele Muster in der angesagten Technik

Muster- und Modellvorschläge im Überblick

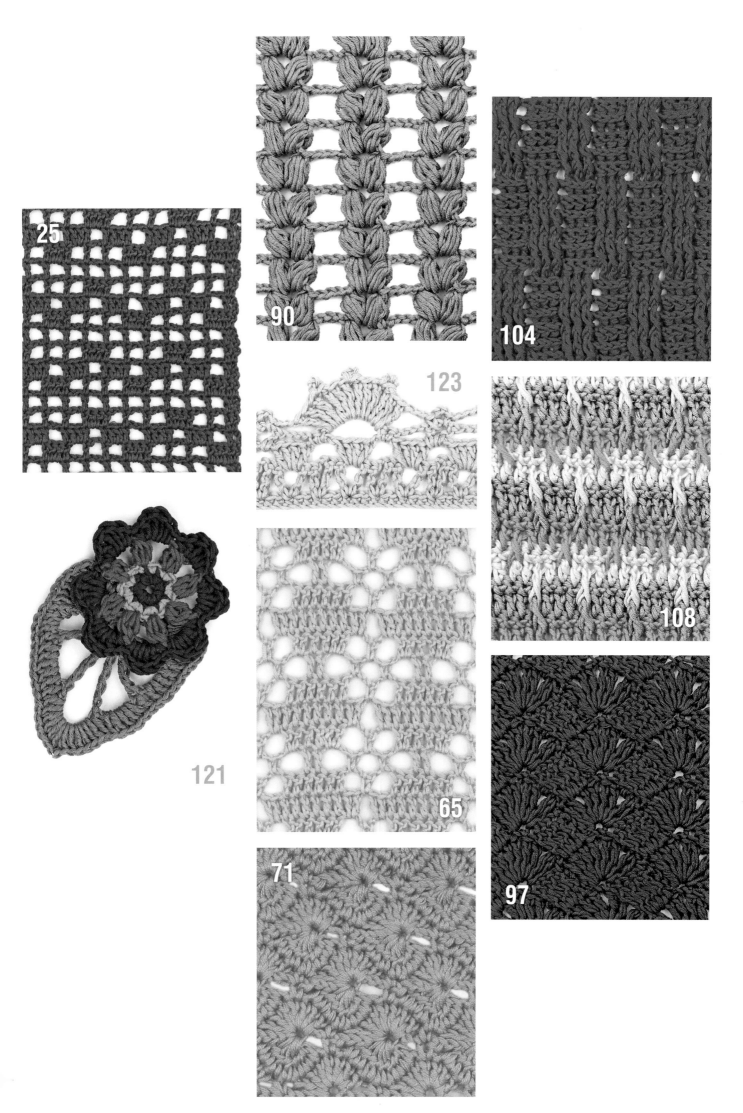

Die schönsten Häkelmuster

Häkeln hat in den letzten Jahren ein kleines Revival erlebt: Häkelmützen sind die trendige Kopfbedeckung schlechthin, unter dem Namen Amigurumis werden kleine, niedliche Häkelfiguren gehypt, gehäkelte Tücher machen Furore, die Häkelquadrate der 70er Jahre feiern als „Granny Squares" ihr modisches Comeback und mehrfarbige Motive und Muster sind unter dem Stichwort „Tapestry-Häkeln" in den Handarbeitsforen der neueste Hit. Kurz: Häkeln ist in und wird von vielen als spannende Technik wieder neu entdeckt.

Dazu gehört der reiche Schatz an Mustern und Strukturen, die das Häkeln bereithält. Denn je nachdem wie Luftmaschen, feste Maschen und Stäbchen aller Art eingestochen, kombiniert und abgemascht werden, entstehen ausdrucksstarke Reliefs, filigrane Netze, Blätter, Muscheln, Wellen und vieles mehr. Dazu kommen die vielfältigen Möglichkeiten der mehrfarbigen Gestaltung, die nicht nur Streifen und Flächen, sondern auch Motive, Bordüren und Muster entstehen lassen. Diesen enormen Fundus haben wir für Sie aufbereitet – wir führen Sie durch die weite Welt der Häkelmuster und zeigen die schönsten Variationen. Dazu gehören spitzenzarte, transparente Muster genauso wie kompakte, blickdichte Strukturen. Wir stellen Klassiker wie Muschel- und Wellenmuster vor, präsentieren tiefergestochene und verkreuzte Maschen sowie Reliefmaschen, die allesamt eine charakteristische Optik erzeugen, und haben auch Häkelquadrate, Motive, Bordüren, plastische Blüten und Spitzenborten im Angebot. Lassen Sie sich von der Schönheit und Vielfalt der Möglichkeiten begeistern!

Jedes Muster haben wir erprobt, fotografiert und bilden es maschengenau ab. Dazu gibt es übersichtliche Häkelschriften, die ganz genau zeigen, wie gearbeitet wird. Einige Muster haben wir zudem mit einer ausführlichen Textanleitung ergänzt, damit sich jeder problemlos in die jeweilige Häkeltechnik eindenken kann. Und exemplarisch für jedes Thema finden Sie auf (fast) jeder Doppelseite ein Muster mit Videoanleitung auf YouTube: http://bit.do/Haekelmuster. Eine ausführliche Häkelschule erklärt Schritt für Schritt in Wort und Bild vom Luftmaschenanschlag über die verschiedenen Maschenarten bis zum Zu- und Abnehmen die Grundlagen des Häkelns. Dazu beginnen wir jedes neue Kapitel mit Hintergrundinformationen und Kurzlehrgängen zur jeweiligen Technik.

Herzlichst Ihre Redaktion

Auf dem Kanal von **Sylvie Rasch, alias Crasy Sylvie**, finden Sie lehrreiche Tutorials. Exemplarisch für jedes Thema finden Sie auf (fast) jeder Doppelseite ein Muster mit Videoanleitung auf YouTube: **http://bit.do/Haekelmuster.**

Janne Graf ist zuständig für das Gesamtkonzept, die Serviceseiten und die Produktinformationen.

Tiefergestochene feste Maschen sorgen für das effektvolle Streifenmuster unseres Pullovers Jorinde von Seite 100.

Mit der Tapestry- oder Gobelin-Häkeltechnik können Sie mehrfarbige Motive und Bordüren nadeln.

Schritt für Schritt erklärt: Jedes Musterkapitel beginnt mit Infos und Lehrgang zur eingesetzten Häkeltechnik.

Nadelkunde

ÜBERBLICK

Jede Häkelnadel besteht aus drei Elementen: Haken, Schaft und Griff.

HAKEN

Der Haken soll den Faden fangen und ihn leicht und sicher durch die Maschen ziehen. Dafür muss er so geformt sein, dass er einerseits gut greift, andererseits aber auch leicht über den Faden gleitet. Dier Kerbe des Hakens soll den Faden beim Durchholen sicher festhalten, dann aber bei einem leichten Dreh wieder freigeben – ist sie zu flach gearbeitet, rutscht er weg, ist sie zu tief oder zu schmal, bleibt er hängen.

GRIFF

Der Griff entscheidet darüber, wie angenehm eine Nadel in der Hand liegt. Bei der Wahl des richtigen Modells hilft nur ausprobieren – nur so finden Sie das richtige Material, in der perfekten Form und Dicke für Ihre Hand.

SCHAFT

Der Schaft ist das Teilstück zwischen Haken und Griff, das die Masche aufnimmt. Er muss glatt sein, damit sie reibungslos darüber gleitet. Gute Häkelnadeln haben einen ausgewogen geformten Haken, glatte, geschmeidige Oberflächen, einen für Ihre Hand angenehm geformten Griff, der fest und sicher mit Schaft und Haken verbunden ist, und einen Schaft in der für Ihre Häkelweise richtigen Länge (das hängt davon ab, wie weit Sie den Faden beim Häkeln vom Strickstück entfernt halten und ist individuell unterschiedlich). Sehr hilfreich ist es auch, wenn die Nadelstärke abriebfest eingraviert ist – sodass man immer weiß, um welche Nadelstärke es sich handelt.

MATERIALIEN

Häkelnadeln müssen mit dem Haken den Faden gut fassen, angenehm in der Hand liegen und eine absolut glatte Oberfläche aufweisen, damit die Maschen gut rutschen und der Faden nirgends ungewollt hängenbleibt. Das sind die wichtigsten Anforderungen an das Material und die Verarbeitung. Davon abgesehen gibt es ein vielfältiges Angebot, bei dem für jeden das passende dabei ist.

Metall: Stahl- oder Aluminiumnadeln sind unverwüstlich – die klassische Häkelnadel ist pur und ohne Schnörkel.

Kunststoff: Noch etwas leichter im Gewicht, leicht einzufärben und so attraktiv anzuschauen, sind Kunststoffnadeln für Nickelallergiker eine gute Alternative. Der formbare Werkstoff sorgt aber auch bei Häkelnadeln mit Griff und ergonomischen Häkelnadeln für optimale Handhabbarkeit.

Bambus: Das leichte, temperaturausgleichende Naturmaterial vermittelt ein angenehmes Wärmegefühl, nimmt Hautfeuchtigkeit auf, ist elastisch, federt daher weich und lädt sich nicht elektrostatisch auf. Das schätzen rheumageplagte Menschen genauso wie Allergiker besonders.

Holz: Die Haptik von Holz und die ästhetisch ansprechende Maserung machen Holznadeln zu ganz besonderen Werkzeugen, sie sind angenehm anzufassen und liegen warm in der Hand.

Häkelschule

Hier kommen die Basics, die ersten Schritte, wenn Sie häkeln lernen möchten: Luftmaschen anschlagen, die Grundmaschenarten, Zu- und Abnahmen, bis hin zum Beenden der Arbeit und den Nähten. Die Grundlagen der Häkeltechnik haben wir Ihnen in diesem Kurs in Wort und Bild aufbereitet. Zu jedem Thema gibt es eine Bildfolge, die alles zeigt, mit Erklärungen, die jeder versteht. Wir erklären ganz genau und Schritt für Schritt, wie Häkeln funktioniert. Aufbauend auf diesem Grundlagenwissen werden zu jedem Musterthema die spezielleren Techniken vorgestellt, die dort zum Einsatz kommen – jeweils kompakt am Anfang des entsprechenden Kapitels. Dort finden Sie dann auch zu jedem Musterthema einige Videos auf YouTube ▶️, http://bit.do/Haekelmuster. Auf den folgenden Seiten geht es aber erst einmal um die Anfange – zur Auffrischung für Wiedereinsteiger, als Einführung für Häkelneulinge ud als kleiner Technik-Abgleich für Häkelprofis.

Kleine Geschichte des Häkelns

Tatsächlich ist Häkeln jünger als Stricken und geht vermutlich auf die Herstellung von Netzen für die Jagd zurück. Die ältesten, bekannten Häkelstücke stammen aus dem 19. Jahrhundert, obwohl es sehr alte Fundstücke gibt, die in einer Art Mischtechnik zwischen Häkeln und Weben ähnlich dem Tunesischen Häkeln gefertigt sind. Die ersten gedruckten Häkelanleitungen erschienen 1820 in Holland. Allerdings hatte das Häkeln mit dem schlechten Ruf zu kämpfen, eine Methode zur billigen und schnellen Imitation von Klöppelspitzen zu sein, weshalb die ganz feine Gesellschaft über diese Handarbeitstechnik die Nase rümpfte. Zwei Frauen machten das Häkeln dann doch gesellschaftsfähig: Mademoiselle Eléanore Riego de la Branchardière, die ab 1840 insgesamt elf Bücher über die Kunst des Häkelns veröffentlichte, und Königin Victoria, die anregte, den britischen Soldaten während des Burenkrieges Schals mit britischem Wappen zu häkeln. Da Häkeln mehr Wolle verschlingt als Stricken, wurde während der Weltkriege aus Sparsamkeit nur noch gestrickt. Erst in den 60er Jahren kam das Häkeln zu neuer Blüte und bescherte uns Fransenwesten im Hippie-Look, Häkelröcke und fröhlich-bunte Patchworkdecken aus Häkelquadraten.

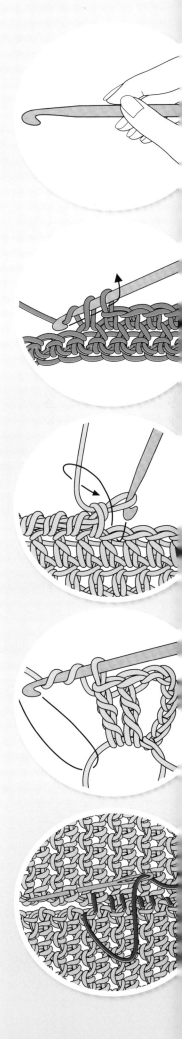

Häkelkurs für Einsteiger

Hier kommt die Theorie! Aber keine Angst, alles wird Schritt für Schritt ganz übersichtlich in Wort und Bild erklärt. Die farbigen Zahlen in den Zeichnungen verweisen auf den dazugehörigen Text.

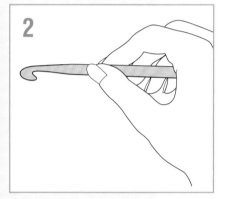

◀ NADELHALTUNG

Zunächst nehmen Sie die Häkelnadel in die rechte Hand. Bei der Nadelhaltung gibt es im Prinzip zwei Alternativen, probieren Sie aus, welche Ihnen am angenehmsten ist.

1. Die Nadel wie einen Bleistift halten.
2. Die Nadel wie eine Stricknadel halten.

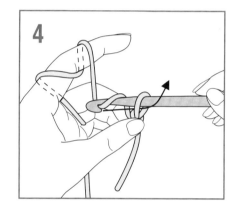

◀ LUFTMASCHENANSCHLAG

1. Den Faden wie im Bild gezeigt um die linke Hand legen.
2. Die Häkelnadel von unten in die Daumenschlinge schieben. Den Faden, der vom Zeigefinger kommt, mit der Häkelnadel fassen und durch die Daumenschlinge ziehen. Den Daumen aus der Schlinge nehmen.
3. Nun ist der Anschlagsknoten fertig und eine Schlinge liegt auf der Nadel. Die Schlinge so anziehen, dass sie locker auf der Nadel liegt, aber nicht herunterrutscht.
4. Den Anschlagsknoten mit Daumen und Mittelfinger halten und den Faden, der vom Zeigefinger kommt, von hinten nach vorn über die Nadel legen.
5. Diesen Umschlag durch die Anfangsschlinge ziehen.
6. Die Schritte 4 und 5 stets wiederholen, bis die gewünschte Luftmaschenanzahl erreicht ist. Dabei jeweils die letzte Luftmasche mit Daumen und Mittelfinger halten.

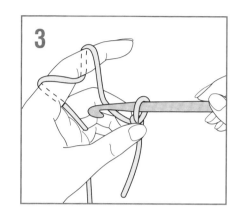

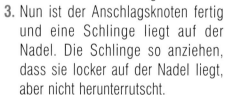

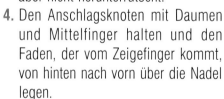

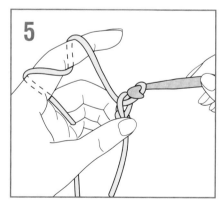

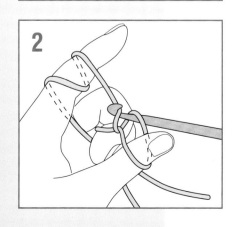

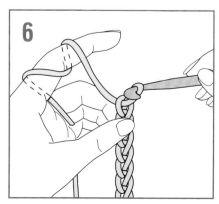

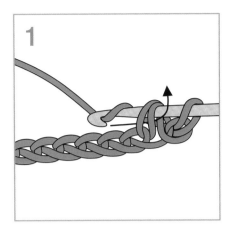

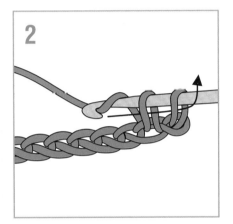

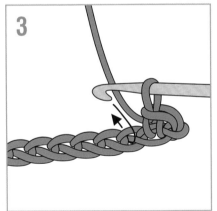

◄ FESTE MASCHEN

1. In die zweite Luftmasche von der Nadel aus einstechen, den Faden von hinten nach vorn um die Nadel legen.
2. Diesen Umschlag durchziehen, nun liegen zwei Schlingen auf der Nadel. Den Faden erneut um die Nadel legen und durch beide Schlingen ziehen.
3. Die erste feste Masche ist fertig. Nun in die nächste Luftmasche einstechen und die Schritte 1 und 2 wiederholen.
4. Am Ende der Reihe angekommen, eine Wendeluftmasche arbeiten. Dafür einen Umschlag bilden und durch die Schlinge ziehen.
5. Die Arbeit wenden, in die erste Masche der Vorreihe einstechen und eine feste Masche häkeln. Feste Maschen wie in Schritt 1 bis 2 beschrieben arbeiten bis das Ende der Reihe erreicht ist. Mit einer Wendeluftmasche die Arbeit wenden. Die dritte und jede weitere Reihe genauso arbeiten.

► ARBEIT BEENDEN

Ist die gewünschte Reihenzahl erreicht, den Faden nicht zu kurz abschneiden.
1. Den Faden durch die letzte Masche ziehen und fest anziehen. Dadurch bildet sich der Abschlussknoten.

► KETTMASCHEN

1. In die zweite Masche von der Nadel aus einstechen, den Faden um die Nadel legen und diesen Umschlag durch alle Schlingen ziehen. Die Abbildung zeigt, wie eine Kettmasche in einen Luftmaschenanschlag gehäkelt wird.
2. Diesen Ablauf wiederholen, wenn mehr als eine Masche übergangen werden soll oder wenn die Kettmaschen zum Kanten umhäkeln eingesetzt werden.

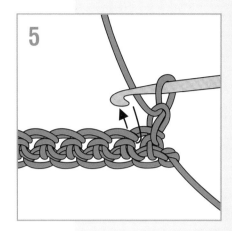

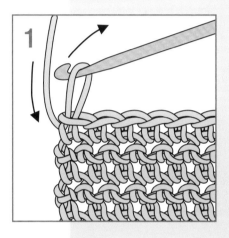

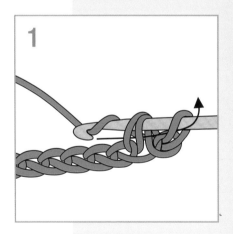

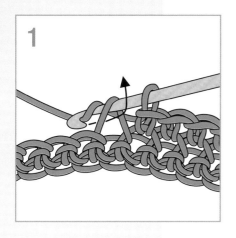

◀ FESTE MASCHEN VORDERSTICH

1. Beim Einstechen in die Masche der Vorreihe darauf achten, dass stets nur das vordere Maschenglied erfasst wird. Den Umschlag durchholen.
2. Nun wie bei allen festen Maschen den Faden erneut um die Nadel legen und durch beide Schlingen ziehen.

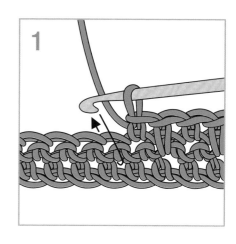

▶ FESTE MASCHEN TIEFER EINSTECHEN

1. Beim Einstechen jeweils beide Maschenglieder der Vorreihe erfassen, jede zweite Masche jedoch eine Reihe tiefer einstechen und die Schlinge lang ziehen.
2. Den Umschlag durchholen. Nun wie bei allen festen Maschen den Faden erneut um die Nadel legen und durch beide Schlingen ziehen.
3. In der folgenden Reihe das Muster versetzen, so dass die tiefergestochenen Maschen nicht unmittelbar übereinander liegen.

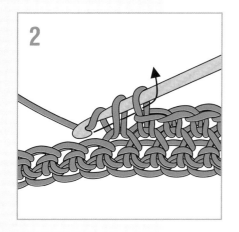

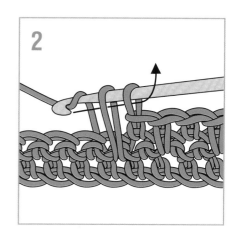

◀ FESTE MASCHEN RIPPENSTICH

1. Beim Einstechen in die Masche der Vorreihe darauf achten, dass stets nur das hintere Maschenglied erfasst wird. Den Umschlag durchholen.
2. Nun wie bei allen festen Maschen den Faden erneut um die Nadel legen und durch beide Schlingen ziehen.

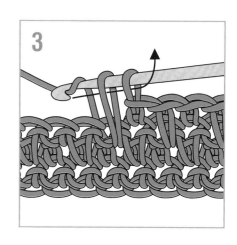

▶ STÄBCHEN

1. Einen Umschlag um die Nadel legen und in die 4. Masche von der Nadel aus einstechen. Den Faden nochmals um die Nadel legen.

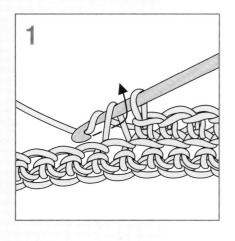

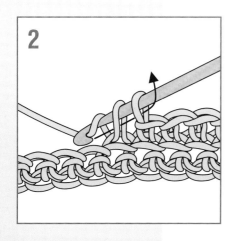

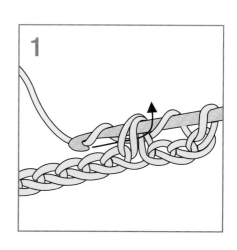

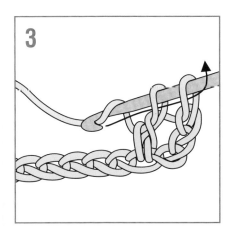

2. Diesen Umschlag durch die Masche der Vorreihe ziehen. Es liegen nun 3 Schlingen auf der Nadel. Den Faden wieder um die Nadel legen.

3. Diesen Umschlag durch zwei der drei auf der Nadel liegenden Schlingen ziehen. Es liegen nun zwei Schlingen auf der Nadel. Den Faden wieder um die Nadel legen.

4. Diesen Umschlag durch beide Schlingen ziehen. Das Stäbchen ist fertig. Die 3 Wendeluftmaschen vor diesem Stäbchen bilden das 1. Stäbchen. Nun für das folgende Stäbchen 1 Umschlag auf die Nadel legen, in die nächste Masche einstechen und die Schritte 1 bis 4 wicderholen.

5. Am Ende der Reihe angekommen, drei Wendeluftmaschen arbeiten und die Arbeit wenden. Diese 3 Wendeluftmaschen ersetzen stets das erste Stäbchen einer Reihe.

6. Das letzte Stäbchen jeder Reihe in die oberste Wendeluftmasche der Vorreihe häkeln.

▶ **FADEN ANSCHLINGEN**

1. Der Faden liegt hinter der Arbeit. An der gewünschten Stelle die Nadel einstechen, den Faden um die Nadel legen und diesen Umschlag durchziehen. Den Faden abermals um die Nadel legen und durch die Schlinge ziehen.

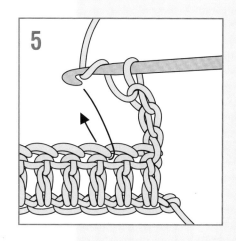

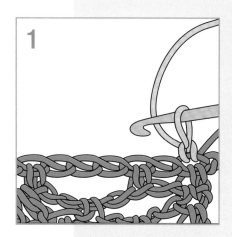

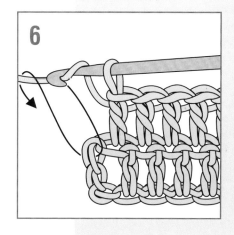

HÄKELSCHRIFTEN LESEN

In der Zeichenerklärung ist jedes Zeichen einer Maschenart zugeordnet. Jedes Zeichen steht also für eine Masche, jede Zeichenreihe für eine Maschenreihe. In den Hinreihen (ungerade Reihenzahl) lesen Sie die Häkelschrift von rechts nach links, in den Rückreihen (gerade Reihenzahlen) von links nach rechts. Die Abfolge der Zeichen in

der Häkelschrift entspricht also der Abfolge beim Häkeln. Die Reihenzahlen stehen am Rand von unten nach oben, so wie gehäkelt wird, dabei wird der Luftmaschenanschlag gezeigt, aber nicht als Reihe gezählt. Der Mustersatz (MS) zeigt die Art und Anzahl der Maschen, die das Muster ein Mal bilden. Er ist mit einer eckigen Klammer markiert.

Beim Häkeln beginnen Sie jede Reihe mit der gezeichneten Anzahl von Luftmaschen als Ersatz für die erste Masche. Dann die Maschen vor dem Mustersatz häkeln, den Mustersatz stets wiederholen (bis fast die gesamte Breite erreicht ist), dann mit den Maschen nach dem Mustersatz enden

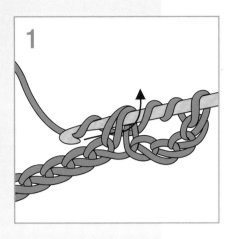

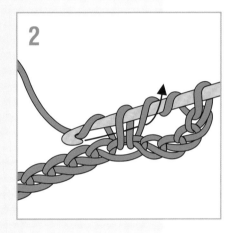

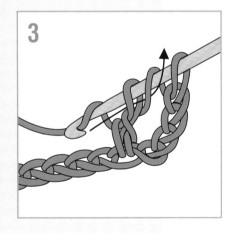

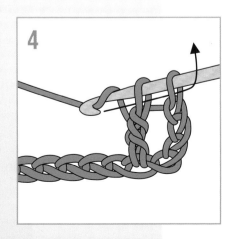

◄ **DOPPELSTÄBCHEN**

1. Zwei Umschläge um die Nadel bilden und am Anfang in die 5. Masche von der Nadel aus (später in die folgende) einstechen. Den Faden um die Nadel legen. Diesen Umschlag durchziehen.

2. Es liegen nun vier Schlingen auf der Nadel. Den Faden wieder um die Nadel legen. Diesen Umschlag durch zwei der vier Schlingen ziehen.

3. Es liegen nun drei Schlingen auf der Nadel. Den Faden wieder um die Nadel legen. Diesen Umschlag durch zwei der drei Schlingen auf der Nadel ziehen.

4. Den Faden noch einmal um die Nadel legen. Diesen Umschlag durch die letzten beiden Schlingen auf der Nadel ziehen.

5. Das Doppelstäbchen ist fertig. Die Schritte 1 bis 4 stets wiederholen. Jede Reihe beginnt mit 4 oder der gezeichneten Anzahl von Wendeluftmaschen als Ersatz für das 1. Doppelstäbchen. Das letzte Doppelstäbchen einer Reihe wird stets auf die oberste Wendeluftmasche der Vorreihe gehäkelt.

▶ **ABNAHMEN AM RAND**

1. Am rechten Arbeitsrand 1 Masche mit 1 Kettmasche übergehen. Diese Kettmasche wird in der Rückreihe nicht behäkelt.

2. Dann bis zum linken Arbeitsrand häkeln, aber die letzte Masche unbehäkelt stehen lassen. Mit einer Wendeluftmasche wenden, wenn in der nächsten Reihe nicht gleich wieder abgenommen werden soll.

3. Soll in der folgenden Reihe sofort wieder abgenommen werden, die 1. Masche mit 1 Kettmasche übergehen und mustergemäß weiterhäkeln (in der Abbildung eine feste Masche).

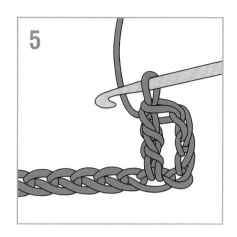

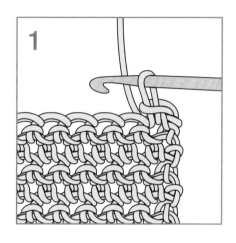

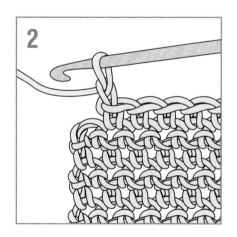

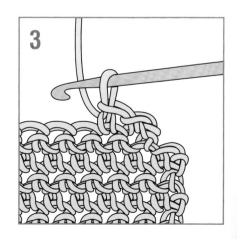

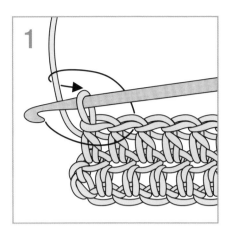

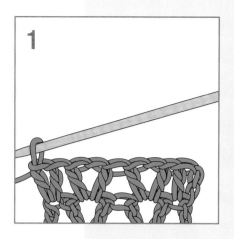

KREBSMASCHEN

Krebsmaschen sind feste Maschen, die von links nach rechts gehäkelt werden. Krebsmaschen ergeben eine feste und gleichmäßige Abschlusskante, die besonders dekorativ wirkt.

1. Die Arbeit nicht wenden, sondern in die vorletzte Masche der Vorreihe von vorn nach hinten einstechen und den Faden zur Schlinge durchholen.
2. Den Faden um die Nadel legen und diesen Umschlag durch beide Schlingen auf der Nadel ziehen.
3. Weiter im „Krebsgang", also rückwärts, häkeln, dabei die Schritte 1 und 2 stets wiederholen.

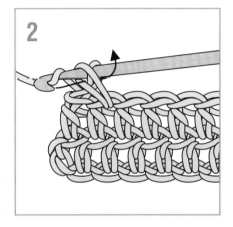

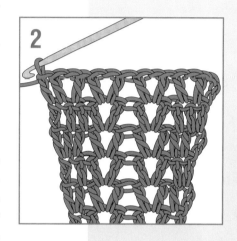

MUSTERGEMÄSSE ZUNAHMEN AM RAND

Um die Maschenzahl zu erhöhen werden jeweils zwei Maschen in eine Masche der Vorreihe gehäkelt. Dafür jeweils in die 1. und letzte Masche der Reihe eine zusätzliche Masche arbeiten. Damit dadurch das Muster nicht gestört wird, darauf achten, den Mustersatz über den übrigen Maschen sinngemäß fortzusetzen.

1. Am Reihenanfang wird mit jeder Zunahme ein neuer Mustersatz von links nach rechts aufgebaut. Die einzelnen Zunahmen werden so lange als Stäbchen (oder – je nach Muster – auch als feste Maschen) gearbeitet, bis ein Mustersatz vollständig ist. Ab dann kann er im üblichen Muster gehäkelt werden.
2. Am Reihenende wird genauso nach und nach ein neuer Mustersatz aufgebaut. Nach 3 Zunahmen ist also bei diesem Muster ein vollständiger Mustersatz hinzugekommen.

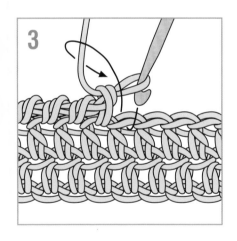

ZUNAHMEN: 3 MASCHEN IN 1 EINSTICHSTELLE

1. Nacheinander drei feste Maschen häkeln, dabei stets dieselbe Einstichstelle in die Masche der Vorreihe wählen. Hier wird im Rippen-

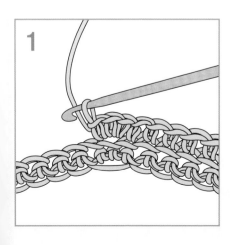

stich gehäkelt und daher auch bei den Zunahmen wie im Bild dargestellt immer nur in das hintere Maschenglied eingestochen. Im Allgemeinen werden beide Maschenglieder erfasst – also auch bei den Zunahmen.

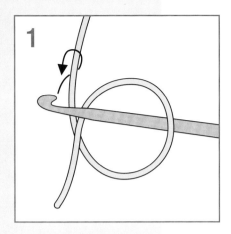

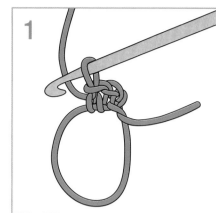

◄ **ARBEITSBEGINN MIT EINER FADENSCHLINGE**

1. Den Faden zur Schlinge legen, die Nadel einstechen, den Faden um die Nadel legen und diesen Umschlag durchziehen, jedoch nicht zur Masche festziehen, sondern ganz locker geschlungen lassen.
2. Den Arbeitsfaden wie üblich über den linken Zeigefinger wickeln und den Kreuzungspunkt der Fadenschlinge mit Mittelfinger und Daumen festhalten, einen Umschlag bilden und durch die Schlinge auf der Nadel ziehen.
3. Laut Angaben in der jeweiligen Anleitung die 1. Runde arbeiten. Erst nach der 1. Runde durch Ziehen am Anfangsfaden die Fadenschlinge zuziehen.

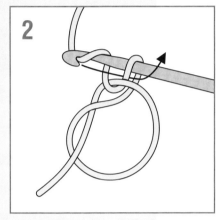

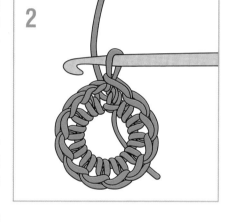

▶ **HÄKELN IN KONZENTRISCHEN RUNDEN**

1. Als Ersatz für die erste feste Masche 1 Luftmasche arbeiten. Dann 11 feste Maschen in die Fadenschlinge häkeln und danach die Schlinge fest anziehen.
2. Die Runde beginnt mit einer Luftmasche (oder mehr, wenn sie als Ersatz für Stäbchen oder Doppelstäbchen dienen) und endet mit einer Kettmasche in die erste Luftmasche (oder die oberste Luftmasche, wenn es mehrere sind) der Vorrunde.
3. Mit jeder weiteren Runde wird der Kreis größer. Werden dabei keine Zunahmen gearbeitet, entsteht ein Schlauch. Art und Anzahl der Zunahmen stehen jeweils in der Anleitung. Je mehr Zunahmen gearbeitet werden, desto flacher liegt der Kreis, je weniger Zunahmen desto stärker die Wölbung des Häkelstücks. Hier wird in der zweiten Runde jede zweite Masche verdoppelt, das heißt in jede zweite Masche der Vorrunde werden 2 feste Maschen gehäkelt.

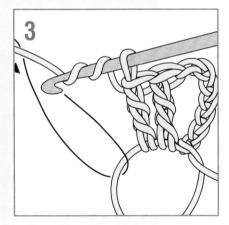

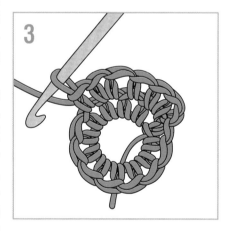

TIPP: WENDELUFTMASCHEN

Am Ende einer Reihe oder Runde werden Wendeluftmaschen gehäkelt, um die Arbeit auf die Höhe der nächsten Maschenreihe zu bringen. Wie viele benötigt werden, hängt von der Maschenart ab und wird jeweils in der Anleitung erwähnt. Bei höheren Maschenarten ersetzen die Wendeluftmaschen die erste Masche der Reihe/Runde, es wird also erst in die zweite Masche eingestochen und am Reihen-/Rundenende die letzte Masche in die oberste Wendeluftmasche gearbeitet. Als Faustregel gilt:

Feste Maschen: 1 Wendeluftmasche, Einstechen in die 1. Masche der Vorreihe/-runde.

Halbe Stäbchen: 2 Wendeluftmaschen, Einstechen in die 1. oder 2. Masche der Vorreihe/-runde.

Stäbchen: 3 Wendeluftmaschen, Einstechen in die 2. Masche der Vorreihe/-runde.

Doppelstäbchen: 4 Wendeluftmaschen, Einstechen in die 2. Masche der Vorreihe/-runde.

Dreifachstäbchen: 5 Wendeluftmaschen, Einstechen in die 2. Masche der Vorreihe/-runde.

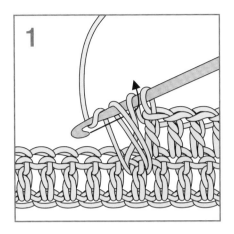

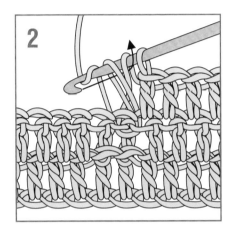

◀ RELIEFSTÄBCHEN

Reliefstäbchen sind Stäbchen, die um die Masche der Vorreihe/-runde herum eingestochen werden. Die erste Reihe/Runde nach dem Anschlag wird mit einfachen Stäbchen gearbeitet.

1. Reliefstäbchen von vorne
   Einen Umschlag bilden, von vorn nach hinten greifend um das Stäbchen der Vorreihe stechen. Den Faden um die Nadel legen und diesen Umschlag durchziehen. Dann wie bei einem normalen Stäbchen je 2 x den Faden um die Nadel legen und den Umschlag jeweils durch 2 auf der Nadel liegende Schlingen ziehen, d. h. diese abmaschen.

2. Reliefstäbchen von hinten
   Einen Umschlag bilden, von hinten nach vorn greifend um das Stäbchen der Vorreihe stechen. Den Faden um die Nadel legen und den Umschlag durchziehen. Dann wie bei einem normalen Stäbchen noch je 2 x den Faden um die Nadel legen und den Umschlag jeweils durch 2 auf der Nadel liegende Schlingen ziehen, d. h. diese abmaschen.

◀ SECHSECK-ROSETTE

1. 5 Luftmaschen anschlagen und mit 1 Kettmasche zum Ring schließen. Die 1. Runde wie folgt häkeln: In den Ring 3 Luftmaschen als Ersatz für das 1. Stäbchen und 1 Luftmasche, * 1 Stäbchen, 1 Luftmasche, ab * noch 10 x wiederholen, die Runde mit einer Kettmasche in die oberste der 3 Ersatzluftmaschen schließen.

2. Dann die 2. Runde wie folgt häkeln: 1 Luftmasche als Ersatz für die erste feste Masche, * 1 feste Masche um die Luftmasche, 1 feste Masche auf das Stäbchen, 2 feste Maschen (= Ecke) um die folgende Luftmasche, 1 feste Masche auf das Stäbchen, ab * noch 5 x wiederholen. Die Runde mit 1 Kettmasche in die oberste Ersatzluftmasche beenden.

▼ FARBWECHSEL

1. Um einen exakten Farbübergang zu erreichen, bereits die letzte Masche der Vorrunde (hier die Kettmasche zum Rundenabschluss) in der neuen Farbe abmaschen. Bei einem Farbwechsel innerhalb einer Reihe oder Runde die letzte Masche der vorhergehenden Farbe mit der neuen Farbe abmaschen.

2. Beide Fadenenden auf ca. 5 cm zurückschneiden und auf die Maschenglieder der Vorreihe legen. Die folgenden 4–5 Maschen über die Fadenenden arbeiten. Dabei wie gewohnt feste Maschen häkeln in deren Mitte die Fadenenden versteckt und fixiert werden.

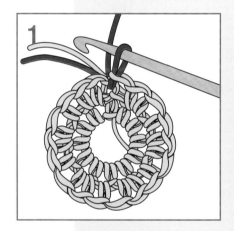

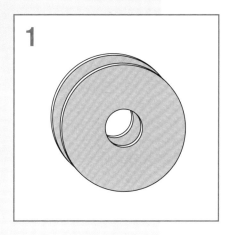

◀ POMPON

1. Aus fester Pappe 2 Kreise mit einem mittigen Loch jeweils mit dem in der Anleitung angegebenen Durchmesser anfertigen. Diese beiden Pappkreise aufeinander legen.
2. Garn mit einer Wollnadel durch die Mitte führen und so den Ring locker und dicht umwickeln.
3. Mit einer Schere die Umwicklung vorsichtig am Rand zwischen den beiden Pappringen aufschneiden und die beiden Pappringe nicht mehr als einen Zentimeter weit auseinander ziehen.
4. Mit einem doppelten Faden zwischen den Pappringen den Pompon fest abbinden und die Fäden gut verknoten. Mit diesen Fäden kann der Pompon später befestigt werden.

Tipp: Im Fachhandel gibt es Pompon-Sets mit vorgefertigten Ringen aus Plastik. Damit ist die Bommel-Herstellung noch einfacher!

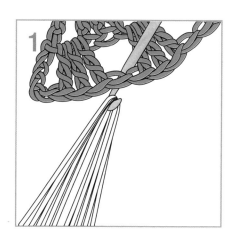

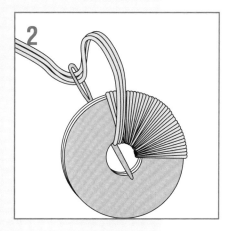

▶ FRANSEN EINKNÜPFEN

1. Fäden wie in der Anleitung angegeben zurechtschneiden (Fadenlänge = Fransenlänge x 2 + 1 cm für den Knoten). Mit der Häkelnadel an der gewünschten Stelle einstechen und das Fadenbündel in der Mitte fassen.
2. Die Fäden vorsichtig durchziehen, so dass eine Schlinge entsteht.
3. Mit der Häkelnadel von rechts nach links in die Schlinge einstechen, die Fäden fassen und durch die Schlinge ziehen. Den Knoten festziehen.

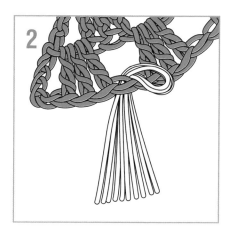

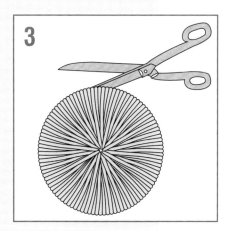

▶ FADEN ANSETZEN

Was tun, wenn das Knäuel zu Ende geht, bevor das Häkelteil fertig ist?

1. Am einfachsten ist der Knäuelwechsel am Ende einer Reihe oder Runde. Die letzte Masche bereits mit dem neuen Faden abmaschen. Den alten Faden sowie das lose Ende des neuen Fadens auf etwa 5 cm zurückschneiden. Wenden und nach der erforderlichen Anzahl Wendeluftmaschen die folgenden 4 bis 5 Maschen um die Fadenenden herum häkeln.

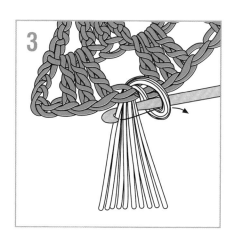

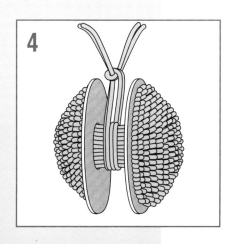

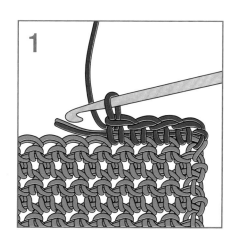

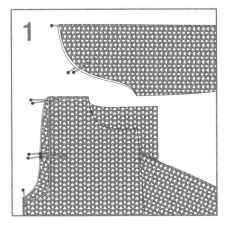

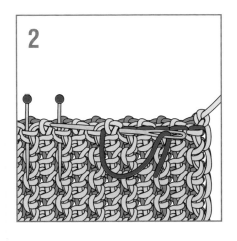

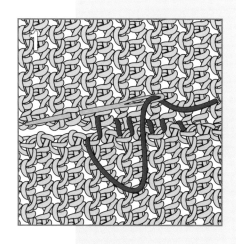

STEPPSTICH: ÄRMEL MIT ARMKUGEL EINSETZEN

Zunächst die gerade Ärmelnaht schließen.

1. Die Ärmelmitte markieren. Den zusammengenähten Pulli auf links wenden und den Ärmel in das Armloch schieben. Den Ärmel rechts auf rechts auf die Schulternaht legen und mit Stecknadeln befestigen, die Ärmelmitte trifft auf die Schulternaht. Von der Mitte ausgehend den Ärmel mit Stecknadeln im Armausschnitt fixieren, dabei die Ärmelweite gleichmäßig verteilen. Die Ärmelnaht trifft auf die Seitennaht.

2. Diese Naht wird im Steppstich gearbeitet (ausstechen, einen Rückstich arbeiten und links vor der Ausstichstelle wieder ausstechen). Die Stepplinie soll unterhalb der Kante verlaufen. Beim Ein- und Ausstechen möglichst nur zwischen die Maschen stechen, den Faden also nicht durchstechen. Überprüfen Sie ab und zu den Verlauf und das Aussehen der Naht auf der Vorderseite.

◀ HÄKELNAHT MIT FESTEN MASCHEN

1. Häkelteile exakt aufeinander legen und mit einer Reihe fester Maschen verbinden. Es wird jeweils durch beide Teile eingestochen. Die Feste-Maschen-Reihe legt sich dabei automatisch auf die Kante. Die Naht ist also recht dick und eignet sich vor allem für außen liegende Ziernähte, die oft auch in Kontrastfarben gearbeitet werden.,

2. An den Ecken in die letzte Einstichstelle vor der Ecke mehrmals einstechen, damit sich die Naht ohne zu verziehen um die Ecke legt. Meist werden 3 Maschen in die Eckmasche gearbeitet und dann die nächste Kante behäkelt.

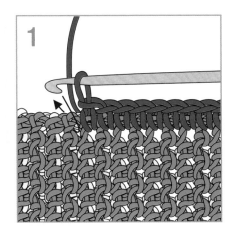

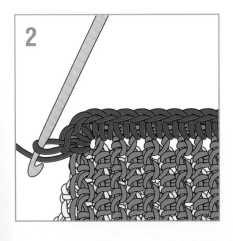

▶ STOSSNAHT

Eine vielseitige Naht, die schön flach liegt und das exakte Aufeinandertreffen von Farb- oder Musterstreifen ermöglicht, da sie auf der Vorderseite gearbeitet wird. Sie wird zum Beispiel zum Schließen der seitlichen Nähte oder der Ärmelnähte eingesetzt und eignet sich auch für gröbere Maschenbilder, Filet- und Gittermuster.

1. Die Teile mit der rechten Seite nach oben parallel nebeneinander legen. Immer im Wechsel jeweils waagerecht durch die Kante des oberen Teils von rechts nach links stechen, dann ebenso durch das untere Teil stechen. Nach 2–3 cm den Arbeitsfaden anziehen, damit sich die Teile übergangslos aneinander fügen.

▼ STOSSNAHT AN OBER- UND UNTERKANTEN

Diese Nahtvariante eignet sich für gerade Kanten an denen die Arbeit beendet oder begonnen wurde, wie beispielsweise Schulternähte.

1. Die Teile mit der Innenseite nach oben parallel nebeneinander legen. Mit jedem Stich an beiden Teilen jeweils ein Maschenglied erfassen.

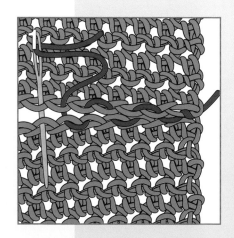

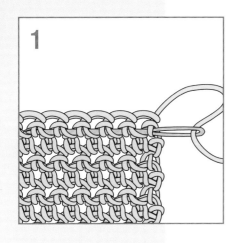

◀ **FADEN VERNÄHEN**

Ist die Arbeit beendet, müssen Anfangs- und Endfäden so gesichert werden, dass sie sich nicht mehr lösen und gleichzeitig nicht auffallen.

1. Das Fadenende in eine stumpfe Wollnadel einfädeln und in die Maschen einziehen. Dabei möglichst nicht durch das Garn stechen. Bei sehr lockeren Maschenbildern evtl. nochmals eine Reihe tiefer in die Gegenrichtung vernähen. Dann den Faden abschneiden.

▶ **MASCHENPROBE**

Voraussetzung, damit alles passt: Die Maschenprobe muss stimmen! Dafür sollte das verwendete Garn in etwa dieselbe Lauflänge haben wie das Originalgarn. Diese wird daher in jeder Materialangabe genannt.

Häkeln ist außerdem sehr individuell; einer arbeitet lockerer, der andere fester, und das beeinflusst die Größe des fertigen Stücks. Damit alle Teile den gewünschten Maßen entsprechen, wird in jeder Anleitung eine Maschenprobe vorgegeben, die beim Häkeln eingehalten werden muss, sonst fällt das Ergebnis größer oder kleiner als angegeben aus. Dies gelingt durch die Wahl der richtigen Nadelstärke.

1. Zunächst eine Häkelprobe anfertigen und prüfen, ob dieselbe Maschen- und Reihenzahl erreicht wird, wie vorgegeben. Dafür ein mindestens 12 x 12 cm großes Stück im angegebenen Muster arbeiten und dann nachzählen: Wie viele Maschen in der Breite und wie viele Reihen in der Höhe ergeben 10 x 10 cm. Hat die Probe mehr Maschen als in der Maschenprobe angegeben, 1/2 bis 1 Stärke dickere Nadeln nehmen. Hat die Probe weniger Maschen, heißt es dünnere Nadeln verwenden.

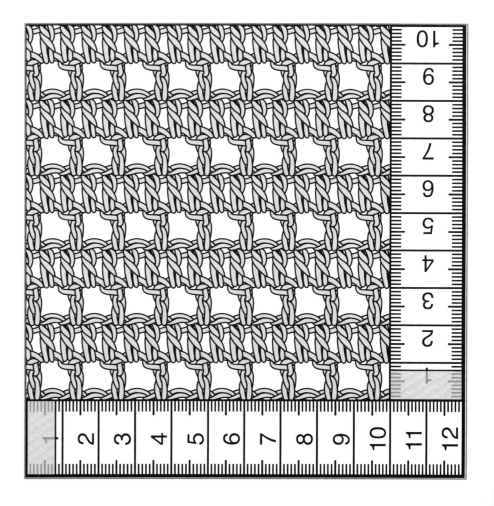

Das richtige Maß

Damit die selbst gehäkelten Modelle auch passen:
Bitte nachmessen! In den Größentabellen unten finden Sie dann die Größe,
die den ermittelten Körpermaßen entspricht. Zu jeder Anleitung gehört außerdem ein Schnitt,
der alle Maße im Überblick zeigt. Vergleichen Sie diese Angaben mit einem Kleidungsstück,
das Ihnen gut passt, so können Sie abschätzen, wie das Modell bei Ihnen sitzen wird.

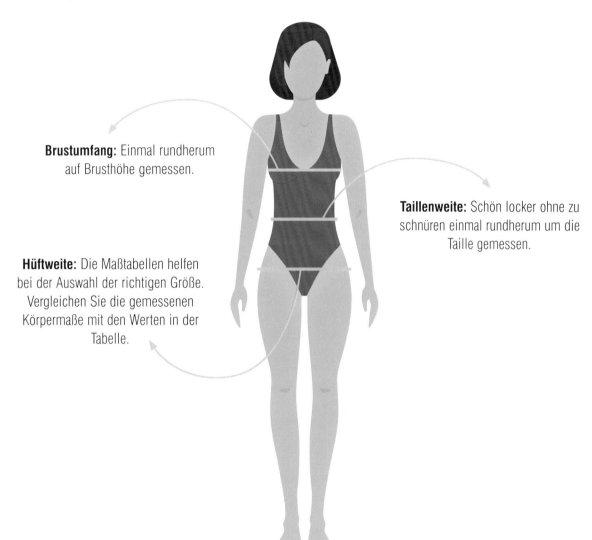

Brustumfang: Einmal rundherum auf Brusthöhe gemessen.

Taillenweite: Schön locker ohne zu schnüren einmal rundherum um die Taille gemessen.

Hüftweite: Die Maßtabellen helfen bei der Auswahl der richtigen Größe. Vergleichen Sie die gemessenen Körpermaße mit den Werten in der Tabelle.

Maßtabellen

Die Maßtabellen helfen bei der Auswahl der richtigen Größe. Vergleichen Sie die gemessenen Körpermaße mit den Werten in der Tabelle.

DAMENGRÖSSEN											
Größe	34	36	38	40	42	44	46	48	50	52	54
Oberweite	82	84	88	92	96	100	104	108	112	116	120
Taillenweite	62	64	68	72	77	82	87	92	97	102	107
Hüftweite	88	90	94	98	102	106	110	114	118	122	126

Basismuster & Flächenmuster

Schon die Grundmaschenarten feste Maschen, halbe Stäbchen und die verschieden Stäbchenvarianten bilden schöne Strukturen und bieten einige Variationsmöglichkeiten. Je nachdem, wie Sie in die darunterliegende Masche einstechen, verändert sich die Optik. So lassen sich schon mit einfachen Abfolgen immer derselben Maschenart unterschiedliche Musterwirkungen erzielen. Zu diesen Basismustern zählen wir auch das klassische Filetgitter, ein einfaches Netz aus Luftmaschen und Stäbchen. Es bildet nämlich die Grundlage für eine ganze Welt der dekorativen Maschen: Filethäkeln. Denn wenn im Gitter einzelne oder zusammenhängende Kästchen ausgefüllt werden, also statt einer Luftmasche ein Stäbchen gehäkelt wird, dann erscheinen diese als sichtbare Flächen.

Mit dieser einfachen Methode werden beim Filethäkeln die kunstvollsten Motive gestaltet: geometrische Bordüren, Ranken und Blüten, Figürliches – alles ganz einfach nach dem Prinzip der gefüllten und ungefüllten Gitterkästchen.

Unter dem Begriff Flächenmuster haben wir im Anschluss kompakte, mehr oder weniger blickdichte Häkelmuster zusammengefasst. Hier ist die Optik der gemeinsame Nenner und damit zusammenhängend die Einsatzmöglichkeiten für diese Musterfamilie. Mit ihnen gestalten Sie die blickdichten Partien eines Häkelmodells, Kissen, Taschen, Wohnaccessoires – alle Bereiche, die eben nicht transparent und durchlässig erscheinen sollen.

Kleine Häkelschule
Feste Maschen in ein Maschenglied

Je nachdem, welches Maschenglied der Vorreihe erfasst wird, ändert sich die Musterwirkung. Das gilt nicht nur für die hier gezeigten festen Maschen, sondern für alle Maschenarten.

1. In den vorderen quer liegenden Faden der Vorreihe einstechen.

2. Einen Umschlag auf die Nadel legen und durchholen.

3. Mit einem neuen Umschlag beide Schlingen zusammen abmaschen.

4. Variante: Nur in den hinteren quer liegenden Faden der Vorreihe einstechen.

5. Schlinge durchholen und feste Maschen wie beschrieben fertigstellen.

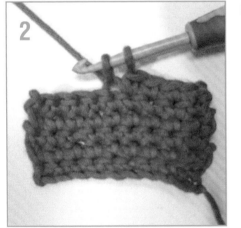

Blickdicht, stabil und eher kompakt – die Tasche Ibiza, die wir Ihnen ab Seite 29 vorstellen, zeigt ein typisches Flächenmuster.

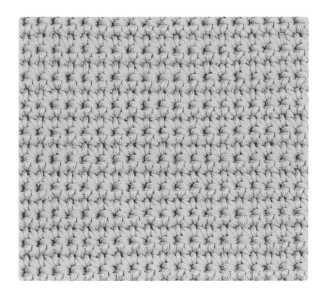

FESTE MASCHEN

Beliebiger Lftm-Anschlag
1. Reihe: In die 3. Lftm ab Nadel und dann in jede Anschlag-Lftm 1 fM häkeln.
2. Reihe: 1 Lftm (= 1. fM), in die 2. und dann in jede fM der Vor-R 1 fM, enden mit 1 fM in die Ersatz-Lftm.
Die 1. und 2. R 1 x arb, dann die 2. R stets wdh, dabei jede R mit 1 Lftm als Ersatz für die 1. fM beginnen.

Häkelschrift

2 · I I I I I I I I I
I I I I I I I I I I · 1
· · · · · · · · · ·

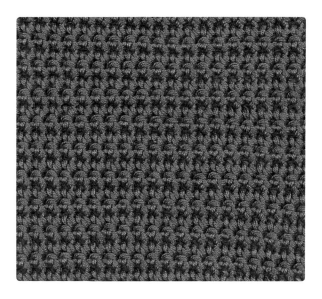

FESTE MASCHEN VORDERSTICH

Beliebiger Lftm-Anschlag.
1. Reihe: In die 3. Lftm ab Nadel und dann in jede Anschlag-Lftm 1 fM häkeln.
2. Reihe: 1 Lftm (= 1. fM), in die 2. und dann in jede fM der Vor-R 1 fM in das hintere M-Glied, enden mit 1 fM in die Ersatz-Lftm.
3. Reihe: 1 Lftm (= 1. fM), in die 2. und dann in jede fM der Vor-R 1 fM in das vordere M-Glied, enden mit 1 fM in die Ersatz-Lftm.
Die 1.-3. R 1 x arb, dann die 2. und 3. R stets wdh.

Wird in Runden gearbeitet, dann immer in das vordere M-Glied einstechen.

Häkelschrift

I ↓↓↓↓↓↓↓↓ · 3
2 · ⊥⊥⊥⊥⊥⊥⊥⊥ I
I I I I I I I I I · 1
· · · · · · · · · ·

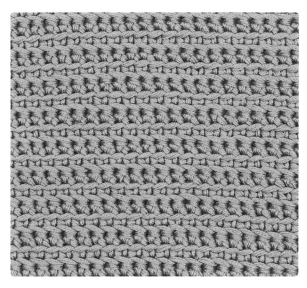

FESTE MASCHEN RIPPENSTICH

Beliebiger Lftm-Anschlag.
1. Reihe: In die 3. Lftm ab Nadel und dann in jede Anschlag-Lftm 1 fM häkeln.
2. Reihe: 1 Lftm (= 1. fM), in die 2. und dann in jede fM der Vor-R 1 fM in das vordere M-Glied, enden mit 1 fM in die Ersatz-Lftm.
3. Reihe: 1 Lftm (= 1. fM), in die 2. und dann in jede fM der Vor-R 1 fM in das hintere M-Glied, enden mit 1 fM in die Ersatz-Lftm.
Die 1.–3. R 1 x arb, dann die 2. und 3. R stets wdh.

Wird in Runden gearbeitet, dann immer in das hintere M-Glied einstechen.

Häkelschrift

I ⊥⊥⊥⊥⊥⊥⊥⊥ · 3
2 · ↓↓↓↓↓↓↓↓ I
I I I I I I I I I · 1
· · · · · · · · · ·

Zeichenerklärung für die Häkelmuster von dieser Doppelseite:

• = 1 Lftm   I = 1 fM   T = 1 hStb   † = 1 Stb   ↓ = 1 fM in das vordere M-Glied   ⊥ = 1 fM in das hintere M-Glied

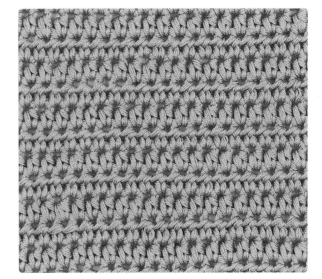

Extra
Ausführliche
Anleitung
Reihe für Reihe

HALBE STÄBCHEN

Beliebiger Lftm-Anschlag

1. Reihe: In die 4. Lftm ab Nadel und dann in jede Anschlag-Lftm 1 hStb häkeln.
2. Reihe: 2 Lftm (= 1. hStb), in das 2. und dann in jedes hStb der Vor-R
1 hStb, enden mit 1 hStb in die oberste Ersatz-Lftm.
Die 1. und 2. R 1 x arb, dann die 2. R stets wdh, dabei jede R mit 2 Lftm als Ersatz
für das 1. hStb beginnen.

Häkelschrift

FILETGITTER

Lftm-Anschlag teilbar durch 3 + 1 Lftm.

1. Reihe: 5 Lftm (= 1. Kästchen), 1 Stb in die 9. Lftm ab Nadel, *2 Lftm,
2 Anschlag-Lftm übergehen, 1 Stb in die nächste Anschlag-Lftm, ab * stets wdh.
2. und 3. Reihe: 3 Lftm (= 1. Stb), *2 Lftm, 1 Stb auf das folg Stb der Vor-R,
ab * stets wdh.
Die 1.–3. R 1 x arb, dann die 2. und 3. R stets wdh. Jede R mit 3 Lftm als Ersatz
für das 1. Stb beginnen, dann den MS stets wdh.

Häkelschrift

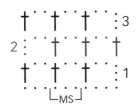

FILETGITTER MIT GEFÜLLTEN KÄSTCHEN

Lftm-Anschlag teilbar durch 12 + 4 Lftm. Gemäß Häkelschrift in R arb.
Jede R mit 3 Lftm als Ersatz für das 1. Stb und den M vor dem MS
beginnen, den MS stets wdh, enden mit den M nach dem MS.
Die 1.–5. R 1 x arb, dann die 2.–5. R stets wdh.
Hinweis: Die gefüllten Kästchen können zu unterschiedlichen
Mustern beliebig verteilt im Filetgitter angeordnet werden. Für jedes gefüllte
Kästchen statt der 2 Lftm 2 Stb in das darunterliegende Kästchen häkeln,
dabei die Stb um die Lftm arb.

Häkelschrift

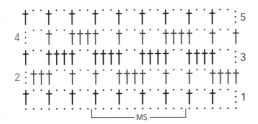

Anna Busch

Top Diana mit Häkeltasche Ibiza

Dunkelrot, Pink und Orange – das leuchtet so richtig sommerlich.
Für das Top häkeln Sie ein filigranes Bogenmuster, die Tasche wird
in einem kompakten Flächenmuster genadelt. Beide schmücken sich
zusätzlich mit blitzenden Pailletten.

Mit diesen Modellen häkeln Sie sich garantiert in Ferienstimmung! Sie entstehen aus dem gleichen Baumwollgarn, mit dem wir alle unsere Muster angefertigt haben: Reine, kühle Baumwolle in leuchtenden Farben, die sowohl filigrane als auch kompakte Muster schön zur Geltung bringt.

Top Diana

GRÖSSE
34/36–38/40–42

GARN
Lang Yarns Golf (100 % Baumwolle, LL 125 m/50 g)
100/100/150 g Pink (Fb 163.0185)
Je 50/50/100 g Dunkelrot (Fb 163.0062) und
Orange (Fb 163.0059)

ABKÜRZUNGEN SEITE 126

NADELN UND ZUBEHÖR
Stricknadeln 10 mm

MASCHENPROBE
21,5 M und 12 R im Gittermuster = 10 x 10 cm
20 Anschlag-M und 9 R im Grundmuster =
10 x 10 cm

Häkelschrift 1
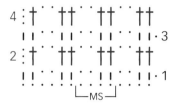

Häkelschrift 2
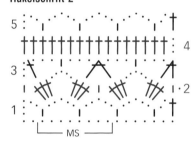

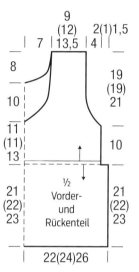

Häkelschrift 3
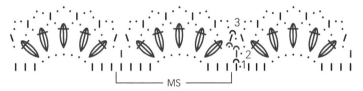

TOP
GITTERMUSTER
M-Zahl teilbar durch 4 + 2 M. Nach Häkelschrift 1 häkeln. Mit den M vor dem MS beginnen, den MS stets wdh, enden mit den M nach dem MS. Die 1.–4. R 1 x arb, dann die 3. und 4. R stets wdh.

GRUNDMUSTER
M-Anschlag teilbar durch 8 + 1 M. Nach Häkelschrift 2 häkeln. Mit den M vor dem MS beginnen, den MS stets wdh, enden mit den M nach dem MS. Die 1.–5. R 1 x arb, dann die 2.–5. R stets wdh.

BOGENKANTE
Anfangs-M-Zahl teilbar durch 14. Nach Häkelschrift 3 in Rd direkt auf die Saumkante häkeln.

Den MS stets wdh, dabei den Rd-Übergang wie gezeichnet arb. Die 1.–3. Rd 1 x arb.

FARBFOLGE GITTERMUSTER
7 R in Orange, restliche R in Dunkelrot.

HINWEIS
Vorder- und Rückenteil werden jeweils in zwei Arbeitsschritten gearbeitet. Zunächst wird das obere Teil gehäkelt, dann wird das Unterteil direkt an die Anschlagkante des oberen Teils gearbeitet.

RÜCKENTEIL
86/98/106 Lftm + 1 Wende-Lftm in Orange anschlagen und im Gittermuster gemäß Farbfolge häkeln.

Armausschnitte
In 10 cm Gesamthöhe beidseitig 1 x 7 M und in der folg 2. R 1 x 2 M unbehäkelt stehen lassen = 68/80/88 M.

Halsausschnitt
In 21/21/23 cm Gesamthöhe die mittleren 18 M unbehäkelt stehen lassen und beide Seiten getrennt beenden. Für die Rundung am inneren Rand in jeder 2. R 3 x je 2 M unbehäkelt stehen lassen. Über den restlichen je 19/25/29 Schulter-M in 29/29/31 cm Gesamthöhe enden.

Unterteil
Im Grundmuster in Pink auf die Anschlagkante des oberen Teils weiterarbeiten, dabei in der 1. R mit den M vor dem MS beginnen, den MS 10/11/12 x

Häkeltasche Ibiza

GRÖSSE
45 x 27 cm

GARN
Lang Yarns Presto (50 % Baumwolle, 50 % Polyacryl, LL 65 m/50 g)
Je 150 g Malve (Fb 911.0065) und Brombeer (Fb 911.0066), 100 g Orange (Fb 911.0059)

NADELN UND ZUBEHÖR
Häkelnadel 4 mm
1 Packung goldfarbene Pailletten (Artikel 3921106) von Rayher Hobbykunst
Ca. 100 cm dickes Seil (Baumarkt)

MASCHENPROBE
13 Anschlag-M und 14 Rd im Strukturmuster = 10 x 10 cm

ABKÜRZUNGEN SEITE 126

Häkelschrift 1

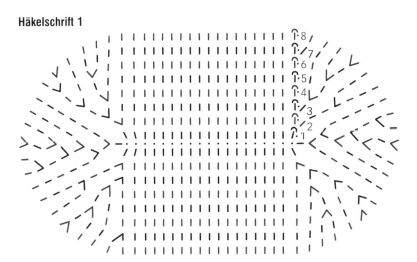

Häkelschrift 2

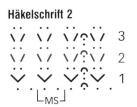

Häkelschrift 3

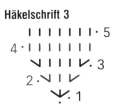

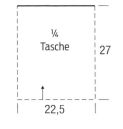

¼ Tasche — 27

22,5

---

wdh und mit den M nach dem MS enden, dabei zum Ausgleich 3 x 2/1 x 4/1 x 4 M zwischen den Einstichstellen der fM übergehen = 89/97/105 Grundmuster-Anschlag-M.
In 21/22/23 cm Gesamthöhe ab Anhäkeln mit einer 3. Muster-R enden.

VORDERTEIL
Ebenso arb, jedoch mit tieferem Halsausschnitt. Dafür in 11/11/13 cm Gesamthöhe die mittleren 18 M stehen lassen und beide Seiten getrennt beenden. Für die Rundung am inneren Rand in jeder 2. R 2 x je 3 M unbehäkelt stehen lassen.

FERTIGSTELLUNG
Schulter- und Seitennähte schließen. Den Halsausschnittrand in Dunkelrot mit 1 Rd Kett-M umhäkeln. Die untere Saumkante mit der Bogenkante behäkeln, dabei an einer Seitennaht beginnen und in der 1. Rd mit jedem Lftm-Bogen ca. 2 cm an der Saumkante übergehen. Die 1. Rd in Pink, die 2. und 3. Rd in Orange arb. Die Pailletten auf den orangefarbenen Gittermuster-Streifen nähen, dabei je eine Paillette zwischen den fM der 1. und 3. Muster-R platzieren.

TASCHE
HÄKELMUSTER
Grundmuster
Mit fM in Rd häkeln, dabei jede Rd mit 1 zusätzlichen Lftm beginnen und mit 1 Kett-M in die 1. fM beenden.

Strukturmuster
Gerade M-Zahl. Nach Häkelschrift 2 in Rd häkeln. Den MS stets wdh, dabei den Rd-Übergang wie gezeichnet arb. Die 1.–3. Rd 1 x arb, dann die 2. und 3. Rd stets wdh.

Farbfolge Strukturmuster
12 Rd in Brombeer und 6 Rd in Orange, enden in Malve.

ANLEITUNG
Taschenhenkel (2 x arb)
2 Lftm in Orange anschlagen und gemäß Häkelschrift 3 häkeln. Die 1.-5. R 1 x arb, dann die 4. und 5. R stets wdh. In 42 cm Gesamthöhe den Henkel gegengleich beenden, d.h. die Zunahmen werden nun Abnahmen, dafür jeweils 2 fM bzw in der letzten R 3 fM zus abmaschen.

Tasche
Für den Boden 19 Lftm + 1 Anfangs-Lftm in Brombeer anschlagen und im Grundmuster nach Häkelschrift 1 häkeln. In der 1. Rd den Lftm-Anschlag von beiden Seiten behäkeln und die Zunahmen wie eingezeichnet arb. Nach 8 Rd = Ende der Häkelschrift sind 82 fM vorhanden. Noch 1 Rd fM häkeln, dabei 32 x abwechselnd in jede 2. und 3. M 2 fM arb = 114 fM. Anschließend im Strukturmuster gemäß Farbfolge weiterarb. In 27 cm Gesamthöhe ab Boden enden.

FERTIGSTELLUNG
Pailletten gleichmäßig verteilt auf den orangefarbenen Streifen nähen. Das Seil halbieren und je ein Stück in einen Henkelstreifen legen, dann die Längsnaht schließen. Die Henkel mittig von außen an die Tasche nähen, mit ca. 7 cm Abstand zum orangefarbenen Streifen und ca. 21 cm zwischen den Henkel-Enden.

Flächenmuster

ZWEIERSTÄBCHEN

Lftm-Anschlag teilbar durch 2.

1. Reihe: 3 Lftm (= 1. Stb), 2 Stb in die 6. Lftm ab Nadel, *1 Anschlag-Lftm übergehen, 2 Stb in die nächste Anschlag-Lftm, ab * stets wdh, enden mit 1 Stb in die letzte Anschlag-Lftm.

2. und 3. Reihe: 3 Lftm (= 1. Stb), *2 Stb zwischen die 2 Stb der Vor-R, ab * stets wdh, enden mit 1 Stb in die oberste Ersatz-Lftm.

Die 1.-3. R 1 x arb, dann die 2. und 3. R stets wdh.

Häkelschrift

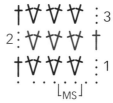

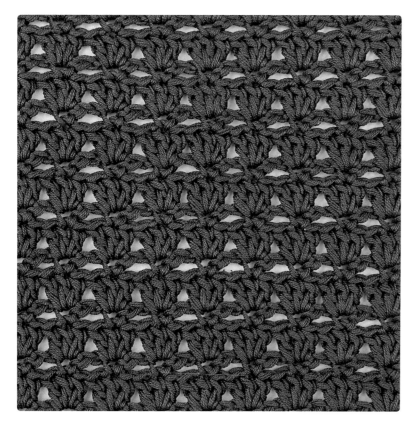

Mit Video-
lehrgang!

STÄBCHEN-TRIO

Lftm-Anschlag teilbar durch 3 + 1 Lftm.

1. Reihe: 1 Lftm (= 1. fM) und 2 Lftm für den 1. Lftm-Bogen, 1 fM in die 7. Lftm ab Nadel, *2 Lftm, 2 Anschlag-Lftm übergehen, 1 fM in die nächste Lftm, ab * stets wdh.

2. Reihe: 3 Lftm (= 1. Stb) und 1 Stb in die 1. fM, *3 Stb auf die nächste fM der Vor-R, ab * stets wdh, enden mit 2 Stb in die Ersatz-Lftm.

3. Reihe: 1 Lftm (= 1. fM), 2 Lftm, *1 fM in das mittlere Stb der nächsten 3-Stb-Gruppe, 2 Lftm, ab * stets wdh, enden mit 1 fM in die oberste Ersatz-Lftm.

Die 1.-3. R 1 x arb, dann die 2. und 3. R stets wdh.
Das Muster beginnt mit einer Rück-R.

Häkelschrift

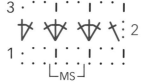

Zeichenerklärung für die Häkelmuster von dieser Doppelseite:

• = 1 Lftm   I = 1 fM   † = 1 Stb   Laufen die Zeichen unten zus, werden die M in eine Einstichstelle gearbeitet.

MASCHENTEPPICH

Lftm-Anschlag teilbar durch 2 + 1 Lftm.
1. Reihe: 1 Wende-Lftm, 1 fM in die 2. Lftm ab Nadel, abwechselnd 1 Stb und 1 fM in jede Anschlag-Lftm.
2. und 4. Reihe: 3 Lftm (= 1. Stb), *1 fM auf das Stb der Vor-R,
1 Stb auf die fM der Vor-R, ab * stets wdh.
3. Reihe: 1 Wende-Lftm, *1 fM auf das Stb der Vor-R, 1 Stb auf
die fM der Vor-R, ab * stets wdh, enden mit
1 fM in die oberste Ersatz-Lftm.
Die 1.-4. R 1 x arb, dann die 3. und 4. R stets wdh.

Häkelschrift

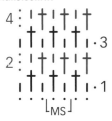

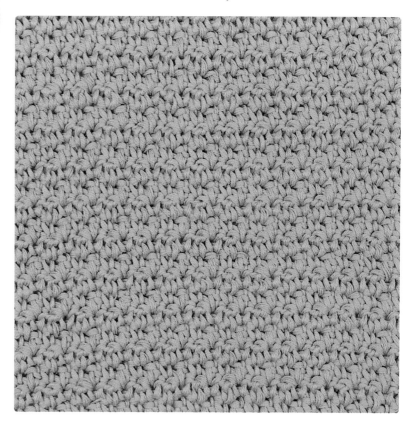

FESTE-MASCHEN-DUETT

Lftm-Anschlag teilbar durch 2 + 1 Lftm.
1. Reihe: 1 Wende-Lftm, 1 fM, 2 Lftm und 1 fM in die 2. Lftm ab
Nadel, *1 Anschlag-Lftm übergehen, in die nächste Anschlag-Lftm
1 fM, 2 Lftm und 1 fM, ab * stets wdh.
2. Reihe: 1 Wende-Lftm, in jeden 2-Lftm-Bogen der Vor-R 1 fM,
2 Lftm und 1 fM.
Die 1. und 2. R 1 x arb, dann die 2. R stets wdh.

Häkelschrift

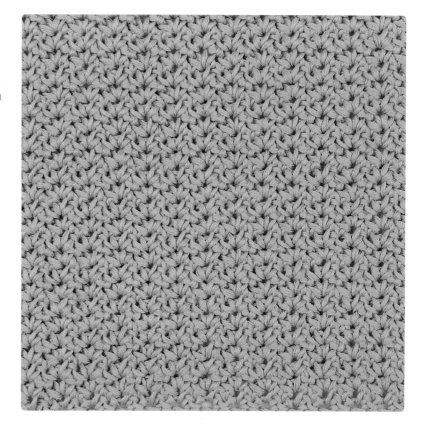

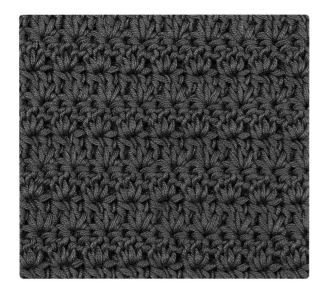

STÄBCHENTEPPICH

Lftm-Anschlag teilbar durch 2 + 1 + 3 Wende-Lftm. Gemäß Häkelschrift in R häkeln. Jede R mit 3 zusätzlichen Wende-Lftm und den M vor dem MS beginnen, den MS stets wdh, enden mit den M nach dem MS. Die 1.–3. R 1 x arb, dann die 2. und 3. R stets wdh.

Häkelschrift

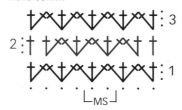

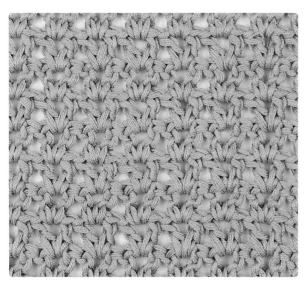

ZWEIERSTÄBCHEN MIT LUFTMASCHE

Lftm-Anschlag teilbar durch 3 + 2 M. Gemäß Häkelschrift in R häkeln. Jede R mit 3 Lftm als Ersatz für das 1. Stb und den M vor dem MS beginnen, den MS stets wdh, enden mit den M nach dem MS. Die 1.–3. R 1 x arb, dann die 2. und 3. R stets wdh.

Häkelschrift

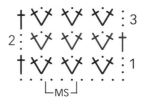

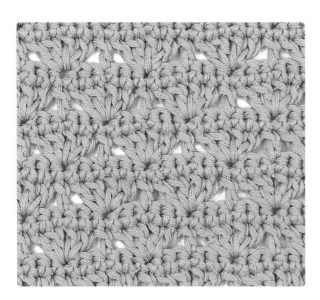

STÄBCHENQUARTETT

Lftm-Anschlag teilbar durch 6 + 1 M. Gemäß Häkelschrift in R häkeln. Jede R mit 3 Lftm als Ersatz für das 1. Stb bzw. 1 zusätzlichen Wende-Lftm und den M vor dem MS beginnen, den MS stets wdh, enden mit den M nach dem MS. Die 1.–5. R 1 x arb, dann die 2.–5. R stets wdh.

Häkelschrift

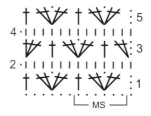

Zeichenerklärung für die Häkelmuster von dieser Doppelseite:

• = 1 Lftm | = 1 fM   T = 1 hStb   ∧ = 2 zus abgemaschte hStb   † = 1 Stb   ⬇ = 3 zus abgemaschte Stb in eine Einstichstelle

⤬T = 1 fM, 1 hStb und 1 Stb in eine Einstichstelle

MASCHENMIX

Lftm-Anschlag teilbar durch 3 + 1 + 2 Wende-Lftm. Gemäß Häkelschrift in R häkeln. Jede R mit 2 zusätzlichen Wende-Lftm und den M vor dem MS beginnen, den MS stets wdh, enden mit den M nach dem MS. Die 1.–3. R 1 x arb, dann die 2. und 3. R stets wdh. Ab der 2. R die 3 M immer in die fM der Vor-R arb.

Häkelschrift

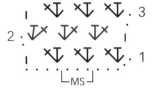

HALBE-STÄBCHEN-DUO

Lftm-Anschlag teilbar durch 2. Gemäß Häkelschrift in R häkeln. Jede R mit 2 Lftm als Ersatz für das 1. hStb und den M vor dem MS beginnen, den MS stets wdh, enden mit den M nach dem MS. Die 1.–3. R 1 x arb, dann die 2. und 3. R stets wdh. Ab der 2. R für die 2 zus abgemaschten hStb in das hStb der Vor-R und um die Lftm der Vor-R einstechen.

Häkelschrift

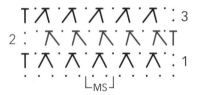

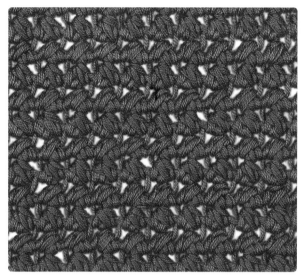

STÄBCHEN-TERZETT

Lftm-Anschlag teilbar durch 2 + 1 M. Gemäß Häkelschrift in R häkeln. Jede R mit 3 Lftm als Ersatz für das 1. Stb bzw. 1 zusätzlichen Wende-Lftm und den M vor dem MS beginnen, den MS stets wdh, enden mit den M nach dem MS. Die 1.–3. R 1 x arb, dann die 2. und 3. R stets wdh.

Häkelschrift

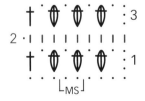

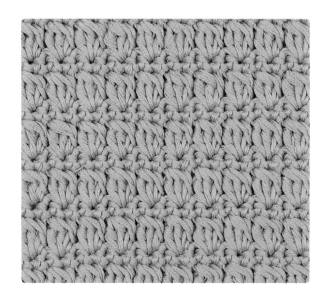

Laufen die Zeichen oben zus, werden die M zus abgemascht, laufen die Zeichen unten zus, werden die M in eine Einstichstelle gearbeitet.

VIDEO-LEHRGÄNGE
zu allen Mustern der
Doppelseite im Internet
auf YouTube:
http://bit.do/Haekelmuster

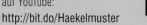

Granny Squares

Kleine Häkelquadrate, gern aus Wollresten und kunterbunt gefertigt, das sind Granny Squares. Der englische Begriff hat sich auch bei uns eingebürgert und bedeutet wörtlich „Oma-Quadrat". Doch Großmütter sind schon lange nicht mehr die einzigen, die sich für die vielfältigen Möglichkeiten der Häkelflicken (wie sie früher bei uns genannt wurden) interessieren. Das klassische Projekt ist zwar nach wie vor die farbenfrohe Patchworkdecke, die aus den kleinen Musterstücken zusammengesetzt wird, darüber hinaus hat aber auch die Mode die Grannys für sich entdeckt. Röcke, Kleider, Tops, Pullover – eigentlich jedes Kleidungsstück lässt sich Stück für Stück zusammensetzen.

Die Technik ist einfach und stellt auch für ungeübte Häklerinnen kein Problem dar. Gerade Kindern macht der Einstieg ins Häkeln damit Spaß, da er schnelle Erfolgserlebnisse beschert und die Einsatzmöglichkeiten der gehäkelten Quadrate so vielfältig sind. Mit wenig Aufwand und Können entsteht schnell ein attraktives Ergebnis, die Grannys lassen schier endlose Kombinationsmöglichkeiten zu, Wollreste werden sinnvoll verwertet und die Experimente mit Farben und Garnen machen einfach Spaß.

Doch nicht nur Quadrate lassen sich gut zu Flächen zusammensetzen – auch Drei- und Sechsecke bieten diese Möglichkeit. Wir stellen Ihnen daher nicht nur die quadratischen Klassiker vor, sondern zeigen auch neue Formen.

Kleine Häkelschule
Mehrfarbiges Quadrat

Das klassische „amerikanische Quadrat", das wir Ihnen hier vorstellen, ist die Urform aller Häkelflicken. Granny Squares werden von der Mitte aus begonnen. Für den Anfang gibt es im Wesentlichen zwei Methoden: Den Luftmaschenring, wie wir ihn im Lehrgang zeigen, oder den Beginn mit einer Fadenschlinge, wie wir ihn in der Häkelschule auf Seite 18 beschreiben..

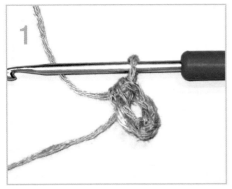

1. Fünf Luftmaschen anschlagen und mit einer Kettmasche zurück in die 1. Luftmasche zur Runde schließen.

2. Drei Anfangs-Luftmachen als Ersatz für das 1. Stäbchen, * weitere zwei Luftmaschen und drei Stäbchen in den Ring arbeiten.

3. Ab * noch 2 x wiederholen, zwei Luftmaschen, zwei Stäbchen in den Ring arbeiten, eine Kettmasche in der Folgefarbe in die 3. Anfangs-Luftmasche und die folgende Luftmasche arbeiten.

4. Drei Anfangs-Luftmaschen als Ersatz für das 1. Stäbchen, zwei Luftmaschen, drei Stäbchen in den Luftmaschenbogen der Vorrunde.

5. Die Runde laut Häkelschrift beenden und mit 1 Kettmasche in der Folgefarbe schließen.

Mit Dreier-Stäbchengruppen und Farbwechsel in jeder Runde: das klassische amerikanische Häkelquadrat

Häkelschrift für ein klassisches amerikanisches Quadrat

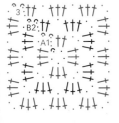

Zeichenerklärung:

● = Luftmasche
∩ = Kettmasche
† = Stäbchen
A = 1. Schmuckfarbe
B = 2. Schmuckfarbe

Granny Squares

Mit Video-lehrgang!

STÄBCHEN-KLASSIKER

6 Lftm anschlagen und mit 1 Kett-M zur Rd schließen.

1. Runde: 3 Lftm (= 1. Stb) und 3 Stb in den Ring, *3 Lftm und 4 Stb in den Ring, ab * noch 2 x wdh, enden mit 3 Lftm und 1 Kett-M in die 3. Anfangs-Lftm.

2. Runde: 3 Lftm (= 1. Stb), 2 Lftm, 2 M übergehen, 1 Stb auf das letzte Stb der 1. Stb-Gruppe, *in den folg Eck-Bogen 2 Stb, 3 Lftm und 2 Stb, 1 Stb auf das 1. Stb der folg Stb-Gruppe, 2 Lftm, 2 M übergehen, 1 Stb auf das 4. Stb derselben Stb-Gruppe, ab * noch 2 x wdh, in den letzten Eck-Bogen 2 Stb, 3 Lftm und 2 Stb, 1 Kett-M in die 3. Anfangs-Lftm.

3. Runde: 3 Lftm (= 1. Stb), 2 Lftm, den 2-Lftm-Bogen übergehen, 3 Stb, *in den folg Eck-Bogen 2 Stb, 3 Lftm und 2 Stb, 3 Stb, 2 Lftm, den 2-Lftm-Bogen übergehen, 3 Stb, ab * noch 2 x wdh, in den letzten Eck-Bogen 2 Stb, 3 Lftm und 2 Stb, 2 Stb, 1 Kett-M in die 3. Anfangs-Lftm.

4. Runde: 3 Lftm (= 1. Stb), 2 Lftm, den 2-Lftm-Bogen übergehen, 5 Stb, *in den folg Eck-Bogen 2 Stb, 3 Lftm und 2 Stb, 5 Stb, 2 Lftm, den 2-Lftm-Bogen übergehen, 5 Stb, ab * noch 2 x wdh, in den letzten Eck-Bogen 2 Stb, 3 Lftm und 2 Stb, 4 Stb, 1 Kett-M in die 3. Anfangs-Lftm.

5. Runde: 3 Lftm (= 1. Stb), 2 Lftm, den 2-Lftm-Bogen übergehen, 7 Stb, *in den folg Eck-Bogen 2 Stb, 3 Lftm und 2 Stb, 7 Stb, 2 Lftm, den 2-Lftm-Bogen übergehen, 7 Stb, ab * noch 2 x wdh, in den letzten Eck-Bogen 2 Stb, 3 Lftm und 2 Stb, 6 Stb, 1 Kett-M in die 3. Anfangs-Lftm.

6. Runde: 3 Lftm (= 1. Stb), 2 Lftm, den 2-Lftm-Bogen übergehen, 9 Stb, *in den folg Eck-Bogen 2 Stb, 3 Lftm und 2 Stb, 9 Stb, 2 Lftm, den 2-Lftm-Bogen übergehen, 9 Stb, ab * noch 2 x wdh, in den letzten Eck-Bogen 2 Stb, 3 Lftm und 2 Stb, 8 Stb, 1 Kett-M in die 3. Anfangs-Lftm.

7. Runde: 1 Lftm (= 1. fM), 2 fM in den 2-Lftm-Bogen, 11 fM, *in den folg Eck-Bogen 2 fM, 1 Lftm und 2 fM, 11 fM, 2 fM in den 2-Lftm-Bogen, 11 fM, ab * noch 2 x wdh, in den letzten Eck-Bogen 2 fM, 1 Lftm und 2 fM, 10 fM, 1 Kett-M in die Anfangs-Lftm.

Die 1.–7. Rd 1 x arb.

Häkelschrift

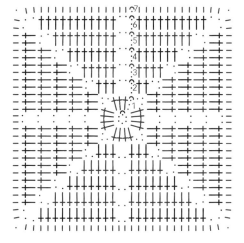

KUNTERBUNT

In Rd mit 5 verschiedenen Fb arb.

1. Runde – Fb A: 5 Lftm anschlagen, *in die 1. Lftm 1 Stb und 1 Lftm, ab * noch 10 x wdh, enden mit 1 Kett-M in die 4. Anfangs-Lftm.

2. Runde – Fb B: Mit 1 Kett-M an der folg Lftm der Vor-Rd anschlingen, 2 Lftm (= 1. halb abgemaschtes Stb) und 1 Stb in die gleiche Einstichstelle, 1 Lftm, *2 zus abgemaschte Stb um die folg Lftm, 1 Lftm, ab * noch 10 x wdh, enden mit 1 Kett-M in das 1. Stb.

3. Runde – Fb C: Mit 1 Kett-M am ersten 1-Lftm-Bogen der Vor-Rd anschlingen, 3 Lftm (= 1. Stb) und 2 Stb um den gleichen Bogen, 2 Lftm, *3 Stb um den folg 1-Lftm-Bogen, 2 Lftm, ab * noch 10 x wdh, enden mit 1 Kett-M die 3. Anfangs-Lftm.

4. Runde – Fb D: Mit 1 Kett-M am ersten 2-Lftm-Bogen der Vor-Rd anschlingen, 3 Lftm (= 1. Stb), 2 Stb, 2 Lftm und 3 Stb um den gleichen Bogen, *2 x [3 hStb um den folg 2-Lftm-Bogen], um den folg 2 Lftm-Bogen 3 Stb, 2 Lftm und 3 Stb, ab * noch 2 x wdh, 2 x [3 hStb um den folg 2-Lftm-Bogen], enden mit 1 Kett-M in die 3. Anfangs-Lftm.

5. Runde – Fb E: Mit 1 Kett-M am ersten 2-Lftm-Bogen der Vor-Rd anschlingen, 3 Lftm (= 1. Stb), 2 Stb, 2 Lftm und 3 Stb um den gleichen Bogen, *3 x [3 M übergehen, 3 Stb in eine Einstichstelle zwischen die M der Vor-Rd], 3 M übergehen, um den folg 2 Lftm-Bogen 3 Stb, 2 Lftm und 3 Stb, ab * noch 2 x wdh, 3 x [3 M übergehen, 3 Stb in eine Einstichstelle zwischen die M der Vor-Rd], enden mit 1 Kett-M in die 3. Anfangs-Lftm.

Die 1.–5. Rd 1 x arb.

Zeichenerklärung für die Häkelmuster von dieser Doppelseite:

- • = 1 Lftm
- | = 1 fM
- T = 1 hStb
- † = 1 Stb
- ‡ = 1 DStb
-) = 1 fM, dabei in die fM der 1. Rd einstechen
- ⌒ = 1 Kett-M
- ○ = 1 Fadenschlinge

Laufen die Zeichen oben zus, werden die M zus abgemascht, laufen die Zeichen unten zus, werden die M in eine Einstichstelle gearbeitet.

BLÜTENSTERN

In Rd mit 3 verschiedenen Fb arb. Mit einer Fadenschlinge in Fb A beginnen.

1. Runde – Fb A: 1 Lftm, 4 fM in die Fadenschlinge arb, enden mit 1 Kett-M in die 1. fM.

2. Runde – Fb A: 1 Lftm, 1 fM auf die 1. fM der Vor-Rd, 5 Lftm, *1 fM auf die folg fM, 5 Lftm, ab * noch 2 x wdh, enden mit
1 Kett-M in die 1. fM.

3. Runde – Fb A: Mit 1 Kett-M in den ersten Lftm-Bogen vorgehen, 1 Lftm, *7 fM um den Lftm-Bogen, 5 Lftm, ab * noch 3 x wdh, enden mit 1 Kett-M in die 1. fM.

4. Runde – Fb B: Mit 1 Kett-M an der 2. fM der Vor-Rd anschlingen, 4 Lftm (= 1. DStb), je 1 DStb auf die folg 4 fM, 4 Lftm, *1 fM in den folg Lftm-Bogen, 4 Lftm, 1 fM übergehen, je 1 DStb auf die folg 5 fM, 4 Lftm, ab * noch 2 x wdh, 1 fM in den folg Lftm-Bogen, 4 Lftm, 1 fM übergehen, in Fb C 1 Kett-M in die 4. Anfangs-Lftm.

5. Runde – Fb C: 3 Lftm (= 1. halb abgemaschtes DStb), in das folg DStb 1 halb abgemaschtes DStb (nur 2 x 2 Schlingen abmaschen), in das folg DStb 1 halb abgemaschtes Stb (nur 1 x 2 Schlingen abmaschen), dann alle 3 Schlingen zus abmaschen, 5 Lftm, in die Einstichstelle der letzten M 1 halb

abgemaschtes Stb, in die folg 2 DStb je 1 halb abgemaschtes DStb, dann alle 4 Schlingen zus abmaschen, 5 Lftm, in den folg Lftm-Bogen 2 halb abgemaschte Stb, auf die fM 1 halb abgemaschtes DStb, in den folg Lftm-Bogen 2 halb abgemaschte Stb, dann alle 6 Schlingen zus abmaschen, *5 Lftm, auf die folg 3 DStb 2 halb abgemaschte DStb und 1 halb abgemaschtes Stb, dann alle 4 Schlingen zus abmaschen, 5 Lftm, in die letzte Einstichstelle und die folg 2 DStb 1 halb abgemaschtes Stb und 2 halb abgemaschte DStb, dann alle 4 Schlingen zus abmaschen, 5 Lftm, in den folg Lftm-Bogen 2 halb abgemaschte Stb, auf die fM 1 halb abgemaschtes DStb, in den folg Lftm-Bogen 2 halb abgemaschte Stb, dann alle 6 Schlingen zus abmaschen, ab * noch 2 x wdh, enden mit 5 Lftm und 1 Kett-M in die 1. zus abgemaschte Stb-Gruppe.

6. Runde – Fb C: Mit 1 Kett-M in den 1. Lftm-Bogen vorgehen, 1 Lftm, *7 fM in den Lftm-Bogen, je 6 fM in die folg beiden Lftm-Bögen, ab * noch 3 x wdh, enden mit 1 Kett-M in die 1. fM.
Die 1.–6. Rd 1 x arb.

Häkelschrift

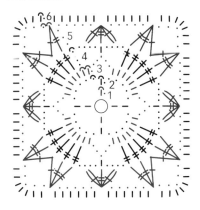

KLEEBLATT

In Rd mit 3 verschiedenen Fb arb. Mit einer Fadenschlinge in Fb A beginnen.

1. Runde – Fb A: 1 Lftm, 16 fM in die Fadenschlinge arb, enden mit 1 Kett-M in die 1. fM.

Häkelschrift

2. Runde – Fb A: 1 Lftm, je 1 fM auf die ersten 2 M, *in die folg M 1 fM, 9 Lftm und 1 fM, je 1 fM auf die folg 3 M, ab * noch 2 x wdh, in die folg M 1 fM, 9 Lftm und 1 fM, 1 fM auf die letzte M, in Fb B 1 Kett-M in die 1. fM.

3. Runde – Fb B: 1 Lftm, 1 fM auf die 1. fM, 2 fM übergehen, *21 Stb um den Lftm-Bogen, 2 fM übergehen, 1 fM auf die folg fM, 2 fM übergehen, ab * noch 2 x wdh, 21 Stb um den letzten Lftm-Bogen, in Fb C 1 Kett-M in die 1. fM.

4. Runde – Fb C: 1 Lftm, *1 fM, dabei in die fM der 1. Rd einstechen, 4 Lftm, 5 Stb übergehen, 1 Picot (= 1 fM, 3 Lftm und 1 fM in eine Einstichstelle) in das folg Stb, 4 Lftm, 4 Stb übergehen, 1 Picot in das folg Stb, 4 Lftm, 4 Stb übergehen, 1 Picot in das folg Stb, 4 Lftm, 5 Stb übergehen, ab * noch 3 x wdh, enden mit 1 Kett-M in die 1. fM.
Die 1.–4. Rd 1 x arb.

Anna Busch

Patchwork-Rock Mary-Lou mit Schal Woodstock

Aus vielen Häkelquadraten in einem kunterbunt melierten Schurwollemischgarn entsteht der coole Minirock. Modisches Accessoire: der kleine, feine Häkelschal.

GRÖSSE
36–38

GARN
Lang Yarns Mille Colori Socks & Lace
(75 % Schurwolle, 25 % Polyamid, LL 400 m/100 g)
200 g Fuchsia-Petrol farbverlaufend (Fb 87.0066)

ABKÜRZUNGEN SEITE 126

NADELN UND ZUBEHÖR
Häkelnadel 3 und 3,5 mm
Ca. 90 cm Gummiband in Schwarz, 2 cm breit

MASCHENPROBE
1 Häkelquadrat mit Nadel 3,5 mm = 11,5 x 11,5 cm
1 Häkelquadrat mit Nadel 3 mm = 10,5 x 10,5 cm

Häkelschrift Rock

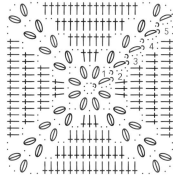

Schnittplan 1/2 Rock

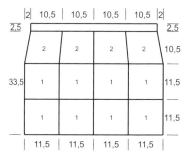

	2	10,5	10,5	10,5	10,5	2	
2,5							2,5
		2	2	2	2		10,5
33,5		1	1	1	1		11,5
		1	1	1	1		11,5
		11,5	11,5	11,5	11,5		

1 = Häkelquadrat mit Nadel 3,5 mm
2 = Häkelquadrat mit Nadel 3 mm

PATCHWORK-ROCK HÄKELMUSTER
Grundmuster
Mit Stb in Rd häkeln, dabei jede Rd mit 3 Lftm als Ersatz für das 1. Stb beginnen und mit 1 Kett-M in die oberste Ersatz-Lftm beenden.

Häkelquadrat
8 Lftm anschlagen und mit 1 Kett-M zur Rd schließen, dann nach der Häkelschrift in Rd häkeln. Dabei jede Rd wie gezeichnet mit Lftm als Ersatz für die 1. M beginnen und mit 1 Kett-M in die Anfangs-Bü-

schel-M beenden. Nach der 1. Rd stets mit 1 zusätzlichen Kett-M zum Beginn der nächsten Rd vorgehen. Die 1.-5. Rd 1 x arb.

ROCK
16 Häkelquadrate mit Nadel 3,5 mm und 8 Häkelquadrate mit Nadel 3 mm anfertigen.

Zusammensetzen der Häkelquadrate
Die Kanten der Häkelquadrate aneinander legen und von links mit Kett-M zusammenhäkeln.
Zunächst aus den größeren Quadraten zwei Streifen

von jeweils 8 Quadraten zusammenhäkeln und jeden Streifen zu einem Ring schließen. Ebenso die kleineren Quadrate zusammenhäkeln.
Dann die Ringe laut Schnittplan zusammenhäkeln.

Bund
Die obere Rockkante mit 2,5 cm = 3 Rd Grundmuster behäkeln, dabei in der 1. Rd über jedem Quadrat 21 Stb sowie in jede Verbindung 1 Stb arb = 176 Stb. Das Gummiband auf Taillenweite zusammennähen und von innen gegen den Rockbund nähen. ❖

Zeichenerklärung:
· = 1 Lftm
^ = 1 Kett-M
† = 1 Stb
◍ = 1 Büschel-M: 3 zus abgemaschte Stb in eine Einstichstelle
◖: = Anfangs-Büschel-M: 3 Lftm und 2 zus abgemaschte Stb in eine Einstichstelle

Der Einsatz von Colorgarn lässt Granny Squares ganz ohne Knäuelwechsel in vielfarbiger Pracht erstrahlen.

Schal Woodstock

GRÖSSE

20 x 181 cm

GARN

Lang Yarns Mille Colori Socks & Lace
(75 % Schurwolle, 25 % Polyamid, LL 400 m/100 g)
200 g Fuchsia-Petrol farbverlaufend (Fb 87.0066)

NADELN

Häkelnadel 3,5 mm

MASCHENPROBE

1 Häkelblüte = ca. 6,5 x 6,5 cm
1 Häkelquadrat = 5 x 5 cm
28,5 Anfangs-M und 13,5 R im Bogenmuster =
10 x 10 cm

ABKÜRZUNGEN SEITE 126

SCHAL
HÄKELMUSTER
Häkelblüte

Für die 1. Blüte 7 Lftm anschlagen und mit 1 Kett-M
zur Rd schließen. Gemäß der Häkelschrift 1 in Rd
weiterhäkeln, dabei jede Rd wie gezeichnet mit Lftm
als Ersatz für die 1. M beginnen und mit 1 Kett-M
in die oberste Ersatz-Lftm beenden. Die 1.–3. Rd
1 x arb. Die folg Blüten ebenso arb, jedoch bereits
in der 3. Rd mit den vorhergehenden Blüten verbinden. Dazu jeweils nach dem mittleren Stb eines
Blütenblatts mit 1 Kett-M um das entsprechende
Stb der vorhergehenden Blüte anschlingen. Treffen
mehrere Blüten aufeinander, weitere Kett-M in die
Verbindungs-M arb.

Bogenmuster A

Gemäß Häkelschrift 1 direkt an die Häkelblüten
arb, dabei beim Pfeil mit 1 Kett-M anschlingen
und wie gezeichnet über die ganze Breite häkeln.
Die 1.–5. R 1 x arb, dann die 3.–5. R noch 6 x wdh
= 23 R insgesamt.

Häkelquadrat

8 Lftm anschlagen und mit 1 Kett-M zur Rd schließen. Gemäß der Häkelschrift 2 in Rd häkeln, dabei
jede Rd wie gezeichnet mit Lftm als Ersatz für die
1. M beginnen und mit 1 Kett-M in die Anfangs-
Büschel-M beenden. Die 1. und 2. Rd 1 x arb.

Bogenmuster B

Gemäß Häkelschrift 2 direkt an die Häkelquadrate
arb, dabei beim Pfeil mit 1 Kett-M anschlingen
und wie gezeichnet über die ganze Breite häkeln.
Die 1.–4. R 1 x arb, dann die 2.–4. R noch 6 x
wdh = 22 R insgesamt.

SCHAL

*6 Häkelblüten arb und gleichzeitig laut Schema-
zeichnung zu einem Rechteck aus 3 Blüten in der
Breite und 2 Blüten in der Höhe verbinden.
Im Anschluss an die Häkelblüten 17 cm = 23 R
im Bogenmuster A häkeln.
8 Häkelquadrate anfertigen und diese von links mit
fM zu einem Rechteck aus 4 Quadraten in der Breite
und 2 Quadraten in der Höhe zusammenhäkeln.

Eine Längsseite des Rechtecks von links mit fM an
die letzte R des Bogenmusters A häkeln.
An die freie Längsseite 16 cm = 22 R im Bogenmuster B häkeln.

Ab * noch 2 x wdh, dabei die folg Häkelblüten
durch Kett-M bereits mit der letzten R des Bogenmusters B verbinden (siehe * über der letzten R
der Häkelschrift).

Den Schal mit einem Rechteck aus 6 Häkelblüten
beenden.

Häkelschrift 1

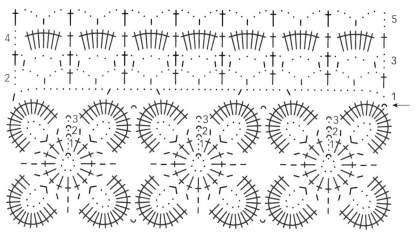

Häkelschrift 2

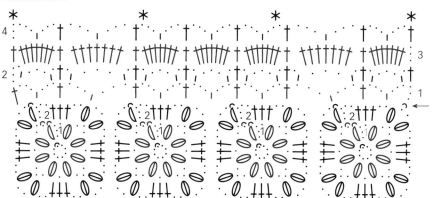

Zeichenerklärung:

· = 1 Lftm
⌒ = 1 Kett-M
† = 1 Stb
I = 1 fM

⓪ = 1 Büschel-M: 3 zus
abgemaschte Stb in eine
Einstichstelle

⑴ = Anfangs-Büschel-M: 3 Lftm und
2 zus abgemaschte Stb in eine
Einstichstelle

Laufen die Zeichen unten zus, werden die
M in eine Einstichstelle gearbeitet.

ABKÜRZUNGEN SIEHE SEITE 126

Schemazeichnung Schal

Fortsetzen

	B		16

2	2	2	2	10
2	2	2	2	

56

	A		17

1	1	1	13
1	1	1	

20

1 = Häkelblüte
2 = Häkelquadrat
A = Bogenmuster A
B = Bogenmuster B

VIDEO-LEHRGÄNGE
zu allen Mustern der
Doppelseite im Internet
auf YouTube:
http://bit.do/Haekelmuster

KREIS IM QUADRAT

Mit einer Fadenschlinge beginnen und gemäß Häkelschrift in Rd häkeln. Jede Rd wie gezeichnet mit Anfangs-Lftm als Ersatz für 1. M beginnen und mit 1 Kett-M oder 1 hStb in die oberste Anfangs-Lftm beenden. Am Beginn der 2. und 6. Rd zusätzlich mit 1 Kett-M zum Rd-Beginn vorgehen. Die 1.–7. Rd 1 x arb.

Häkelschrift

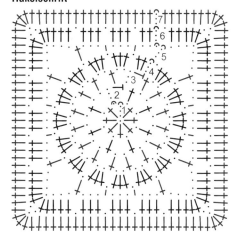

MARGERITE IM QUADRAT

8 Lftm anschlagen und mit 1 Kett-M zur Rd schließen. Gemäß Häkelschrift in Rd häkeln. Jede Rd wie gezeichnet mit Anfangs-Lftm als Ersatz für die 1. M beginnen und mit 1 Kett-M oder 1 Stb in die oberste nfangs-Lftm beenden. Die 1.–4. Rd 1 x arb.

Häkelschrift

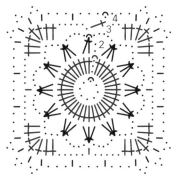

BÜSCHELBLÜTE IM QUADRAT

6 Lftm anschlagen und mit 1 Kett-M zur Rd schließen. Gemäß Häkelschrift in Rd häkeln. Jede Rd wie gezeichnet mit Anfangs-Lftm als Ersatz für die 1. M beginnen und mit 1 Kett-M beenden. In der 2. und 3. Rd mit Kett-M zum Rd-Beginn vorgehen. Die 1.–4. Rd 1 x arb.

Häkelschrift

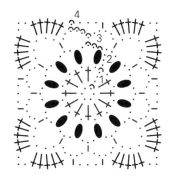

Zeichenerklärung für die Häkelmuster von dieser Doppelseite:

• = 1 Lftm	I = 1 fM	┼ = 1 Stb	⬤ = 1 Büschel-M: 4 zus abgemaschte Stb um die Lftm arb
∩ = 1 Kett-M	T = 1 hStb	╪ = 1 DStb	

Laufen die Zeichen oben zus, werden die M zus abgemascht, laufen die Zeichen unten zus, werden die M in eine Einstichstelle gearbeitet.

STERNBLÜTE IM QUADRAT

8 Lftm anschlagen und mit 1 Kett-M zur Rd schließen. Gemäß Häkelschrift in Rd häkeln. Jede Rd wie
gezeichnet mit Anfangs-Lftm als Ersatz für die
1. M beginnen und mit 1 Kett-M oder 1 Stb beenden.
In der 6., 8. und 9. Rd mit Kett-M zum Rd-Beginn
vorgehen. Die 1.–10. Rd 1 x arb.

Häkelschrift

ROSETTENBLUME IM QUADRAT

8 Lftm anschlagen und mit 1 Kett-M zur Rd schließen. Gemäß Häkelschrift in Rd häkeln. Jede Rd wie
gezeichnet mit Anfangs-Lftm als Ersatz für die1. M
beginnen und mit 1 Kett-M oder 1 Stb beenden. In
der 2. Rd mit 1 zusätzlichen Kett-M zum Rd-Beginn
vorgehen. Die 1.–5. Rd 1 x arb.

Häkelschrift

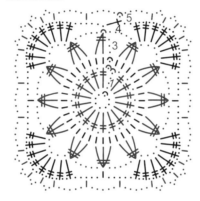

Mit Video-
lehrgang!

WINDMÜHLE

8 Lftm anschlagen und mit 1 Kett-M zur Rd schließen. Gemäß Häkelschrift in Rd häkeln. Die 1. Rd mit
1 Lftm als Ersatz für die 1. fM beginnen und mit
1 Kett-M beenden, dann in Spiral-Rd wie gezeichnet
weiterarbeiten und die letzte Rd mit 1 Kett-M
schließen. Die 1.–11. Rd 1 x arb.

Häkelschrift

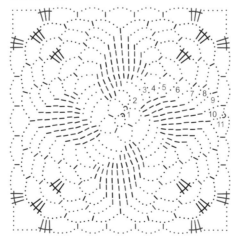

VIDEO-LEHRGÄNGE
zu allen Mustern der
Doppelseite im Internet
auf YouTube:
http://bit.do/Haekelmuster

BLUMEN-SECHSECK

7 Lftm in Fb A anschlagen und mit 1 Kett-M zur Rd schließen. Gemäß Häkelschrift in Rd mit 5 verschiedenen Fb häkeln. Jede Rd wie gezeichnet mit Anfangs-Lftm als Ersatz für die 1. M beginnen und mit 1 Kett-M in die oberste Anfangs-Lftm beenden. Die 1.–5. Rd 1 x arb, dabei je 1 Rd in Fb A, B, C, D und E häkeln. Die neue Fb stets mit 1 Kett-M anschlingen.

Häkelschrift

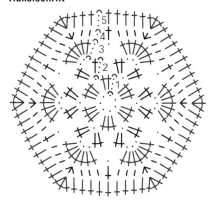

BÜSCHELBLÜTEN-SECHSECK

6 Lftm in Fb A anschlagen und mit 1 Kett-M zur Rd schließen. Gemäß Häkelschrift in Rd zweifarbig häkeln. Jede Rd wie gezeichnet mit Anfangs-Lftm als Ersatz für die 1. M beginnen und mit 1 Kett-M beenden. Die 1.–3. Rd 1 x arb, dabei die 1. und 3. Rd in Fb A, die 2. Rd in Fb B häkeln. Nach der 1. und 2. Rd stets mit 1 Kett-M in der neuen Fb zum Rd-Beginn vorgehen.

Häkelschrift

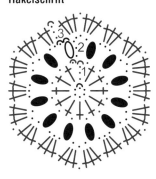

SONNEN-SECHSECK

5 Lftm in Fb A anschlagen und mit 1 Kett-M zur Rd schließen. Gemäß Häkelschrift in Rd mit 5 verschiedenen Fb häkeln. Jede Rd wie gezeichnet mit Anfangs-Lftm als Ersatz für die 1. M beginnen und mit 1 Kett-M in die oberste Anfangs-Lftm beenden. Die 1.–6. Rd 1 x arb, dabei die 1. Rd in Fb A, die 2. Rd in Fb B, die 3. und 4. Rd in Fb C, die 5. Rd in Fb D und die 6. Rd in Fb E häkeln. Beim Farbwechsel die letzte Kett-M einer Rd bereits mit der folg Fb abmaschen bzw. für die 5. Rd mit 1 Kett-M neu anschlingen.

Häkelschrift

Mit Video-lehrgang!

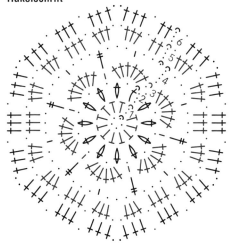

Zeichenerklärung für die Häkelmuster von dieser Doppelseite:

- • = 1 Lftm
- ∩ = 1 Kett-M
- ı = 1 fM
- T = 1 hStb
- † = 1 Stb
- ‡ = 1 DStb
- ● = 1 Büschel-M: *1 Umschlag auf die Nadel nehmen, um die Lftm der Vor-Rd einstechen und 1 Schlinge durchholen und langziehen, ab * noch 3 x wdh, dann alle Schlingen zus abmaschen und die Büschel-M mit 1 Lftm schließen
- ⊙ = 1 Anfangs-Büschel-M: 3 Lftm, *1 Umschlag auf die Nadel nehmen, um die Lftm der Vor-Rd einstechen und 1 Schlinge durchholen und langziehen, ab * noch 2 x wdh, dann alle Schlingen zus abmaschen und die Büschel-M mit 1 Lftm schließen

BLÜTENPYRAMIDE

7 Lftm in Fb A anschlagen und mit 1 Kett-M zur Rd schließen. Gemäß Häkelschrift in Rd mit 3 verschiedenen Fb häkeln. Jede Rd wie gezeichnet mit Anfangs-Lftm als Ersatz für die 1. M beginnen und mit 1 Kett-M oder 1 Stb in die oberste Anfangs-Lftm beenden. Die 1.-5. Rd 1 x arb, dabei die 1., 2. und 4. Rd in Fb A, die 3. Rd in Fb B und die 5. Rd in Fb C häkeln. Die neue Fb stets mit 1 Kett-M anschlingen, siehe Pfeile.

Häkelschrift

NETZBLÜTEN-DREIECK

8 Lftm in Fb A anschlagen und mit 1 Kett-M zur Rd schließen. Gemäß Häkelschrift in Rd mit 4 verschiedenen Fb häkeln. Jede Rd wie gezeichnet mit Anfangs-Lftm als Ersatz für die 1. M beginnen und mit 1 Kett-M beenden. Die 1.-6. Rd 1 x arb, dabei die 1. und 2. Rd in Fb A, die 3. und 4. Rd in Fb B sowie die 5. Rd in Fb C und die 6. Rd in Fb D häkeln. Die neue Fb stets mit 1 Kett-M neu anschlingen und falls nötig mit Kett-M zum Beginn der folg Rd vorgehen.

Häkelschrift

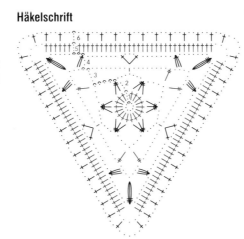

STÄBCHEN-DREIECK

Mit einer Fadenschlinge in Fb A beginnen und gemäß Häkelschrift in Rd mit 3 verschiedenen Fb häkeln. Jede Rd wie gezeichnet mit Anfangs-Lftm als Ersatz für die 1. M beginnen und mit 1 Kett-M in die oberste Anfangs-Lftm beenden. Die 1.–4. Rd 1 x arb, dabei die 1. und 2. Rd in Fb A, die 3. Rd in Fb B und die 4. Rd in Fb C häkeln. Die neue Fb stets mit 1 Kett-M anschlingen.

Häkelschrift

 = 1 dreifach Stb

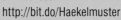 = 1 fünffach Stb

Laufen die Zeichen oben zus, werden die M zus abgemascht, laufen die Zeichen unten zus, werden die M in eine Einstichstelle gearbeitet.

VIDEO-LEHRGÄNGE
zu allen Mustern der Doppelseite im Internet auf YouTube:
http://bit.do/Haekelmuster

Aus einer edlen Fasermischung aus Merinowolle und Seide im trendigen Neutralton wird die asymmetrische Weste mit Hippie-Charme gehäkelt.

Filigraner Chic

Passend zu den attraktiven Mustern entsteht in diesem Kapitel eine wunderbar feminine Fransenweste.

Filigrane Muster

Spitzenzart und fein – im folgenden Kapitel haben wir für Sie transparente, dekorative Häkelmuster zusammengestellt. Allen gemeinsam ist die luftige Anmutung – sie sind nicht blickdicht, sondern bilden kunstvoll-löchrige, zarte Strukturen. Dabei kommen im Wesentlichen nur die Grundmaschenarten zum Einsatz, die meist durch Luftmaschen zu transparenten Strukturen verbunden werden. Ähnlich wie Ajourmuster beim Stricken lassen sie viel Luft an die Haut und sind daher prädestiniert für sommerliche Häkelmode, Tücher, Wohnaccessoires und alle Projekte, die mit der dekorativen Wirkung transparenter Maschen spielen. Entsprechend ihrer Optik, haben wir sie in vier Gruppen eingeteilt:

Netzmuster dürften zu den ältesten Mustern überhaupt zählen, da vermutet wird, dass sich das Häkeln über die Anfertigung von Netzen für die Jagd entwickelt hat. Wie variantenreich und attraktiv so ein luftiges Häkelmaschengitter gestaltet werden kann, zeigen unsere Mustervorschläge.

Luftmaschenbögen gehören zu den prägnantesten Gestaltungselementen filigraner Häkelmuster. Im Kapitel Bogenmuster haben wir Ihnen transparente Strukturen zusammengestellt, bei denen die Bögen das Bild bestimmen.

Werden mehrere Maschen – meist Stäbchen – über einen Luftmaschenbogen der Vorreihe oder in eine Einstichstelle gearbeitet, so wirkt diese Gruppe wie ein kleiner Fächer. Ein einfaches, aber extrem wirkungsvoll und sehr variantenreich einsetzbares Element, wie unsere Beispiele im Kapitel Fächermuster beweisen.

Zur duftigen, femininen Ausstrahlung vieler spitzenartiger Häkelmuster gehört ihre oft florale Anmutung: Man meint Blumen, Knospen, Blätter oder Ranken in den Maschenstrukturen zu entdecken – wie bei den Vorschlägen, die wir ihnen als Blütenmuster präsentieren.

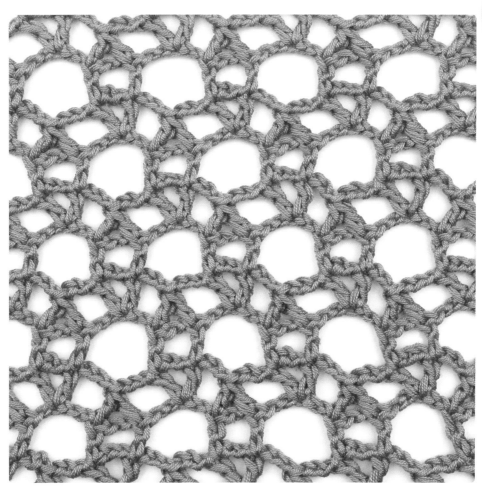

KREISELNETZ

Lftm-Anschlag teilbar durch 9 + 5 Lftm.

1. Reihe: 3 Lftm (= 1. Stb), in die 6. Lftm ab Nadel 1 Stb-Gruppe (= 1 Stb, 3 Lftm und 1 Stb in eine Einstichstelle), *3 Lftm, 2 Lftm übergehen, in die folg Lftm 1 halb abgemaschtes Stb (nur 1 x 2 Schlingen abmaschen), 2 Lftm übergehen, in die folg Lftm 1 halb abgemaschtes Stb, dann alle 3 Schlingen zus abmaschen, 3 Lftm, 2 Lftm übergehen, in die folg Lftm 1 Stb-Gruppe, ab * stets wdh, enden mit 1 Stb in die letzte Anschlag-Lftm.

2. Reihe: 3 Lftm (= 1. Stb), 1 Stb auf das 1. Stb der Stb-Gruppe, 2 Lftm und 1 Stb auf das 2. Stb der Stb-Gruppe, *5 Lftm 1 Stb auf das 1. Stb der folg Stb-Gruppe, 2 Lftm und 1 Stb auf das 2. Stb der Stb-Gruppe, ab * stets wdh, enden mit 1 Stb in die oberste Ersatz-Lftm.

3. Reihe: 3 Lftm (= 1. Stb), 2 Lftm, 1 halb abgemaschtes Stb auf das folg Stb, den 2-Lftm-Bogen übergehen, 1 halb abgemaschtes Stb auf das folg Stb, dann alle 3 Schlingen zus abmaschen, *3 Lftm, in die 3. Lftm des 5-Lftm-Bogens 1 Stb-Gruppe, 3 Lftm, 1 halb abgemaschtes Stb auf das folg Stb, den 2-Lftm-Bogen übergehen, 1 halb abgemaschtes Stb auf das folg Stb, dann alle 3 Schlingen zus abmaschen, ab * stets wdh, enden mit 2 Lftm und 1 Stb in die oberste Ersatz-Lftm.

4. Reihe: 3 Lftm (= 1. Stb), *5 Lftm, 1 Stb auf das 1. Stb der folg Stb-Gruppe, 2 Lftm und 1 Stb auf das 2. Stb der Stb-Gruppe, ab * stets wdh, enden mit 5 Lftm und 1 Stb in die oberste Ersatz-Lftm.

5. Reihe: 3 Lftm (= 1. Stb), in die 3. Lftm des ersten 5-Lftm-Bogens 1 Stb-Gruppe, *3 Lftm, 1 halb abgemaschtes Stb auf das folg Stb, den 2-Lftm-Bogen übergehen, 1 halb abgemaschtes Stb auf das folg Stb, dann alle 3 Schlingen zus abmaschen, 3 Lftm, in die 3. Lftm des folg 5-Lftm-Bogens 1 Stb-Gruppe, ab * stets wdh, enden mit 1 Stb in die oberste Ersatz-Lftm. Die 1.–5. R 1 x arb, dann die 2.–5. R stets wdh.

Häkelschrift

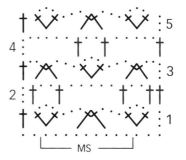

Extra
Ausführliche
Anleitung
Reihe für Reihe

PICOTNETZ

Lftm-Anschlag teilbar durch 4 + 1 Lftm.

1. Reihe: 3 Lftm (= 1. Stb) und 2 Lftm, in die 8. Lftm ab Nadel 1 Picot (= 1 fM, 3 Lftm und 1 fM in eine Einstichstelle), *5 Lftm, 3 Anschlag-M übergehen, in die folg Anschlag-M 1 Picot, ab * stets wdh, enden mit 2 Lftm und 1 Anschlag-M übergehen, 1 Stb in die letzte Anschlag-M.

2. Reihe: 1 Lftm (= 1. fM), 3 Lftm und 1 fM in das Stb (= 1. Picot), *5 Lftm, 1 Picot in die mittlere Lftm des folg 5-Lftm-Bogens, ab * stets wdh, enden mit 1 Picot in die oberste Ersatz-Lftm.

3. Reihe: 3 Lftm (= 1. Stb) und 2 Lftm, 1 Picot in die mittlere Lftm des ersten 5-Lftm-Bogens, *5 Lftm, 1 Picot in die mittlere Lftm des folg 5-Lftm-Bogens, ab * stets wdh, enden mit 2 Lftm und 1 Stb auf den letzten Picot.

Die 1.-3. R 1 x arb, dann die 2. und 3. R stets wdh.

Häkelschrift

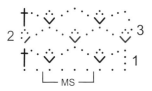

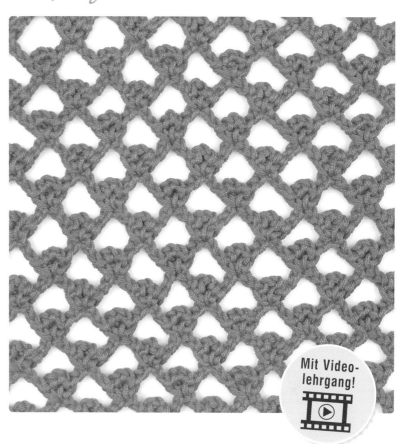

Mit Video-lehrgang!

RAUTENNETZ

Lftm-Anschlag teilbar durch 4 + 1 Lftm.

1. Reihe: 1 Wende-Lftm, 1 fM in die 2. Lftm ab Nadel, *5 Lftm, 3 Anschlag-Lftm übergehen, 1 fM in die nächste Lftm, ab * stets wdh.

2. Reihe: 3 Lftm (= 1. Stb) und 2 Lftm, 1 fM in den ersten Lftm-Bogen, *5 Lftm, 1 fM in den folg Lftm-Bogen, ab * stets wdh, enden mit 2 Lftm und 1 Stb auf die letzte fM.

3. Reihe: 1 Wende-Lftm, 1 fM auf das 1. Stb, *3 Lftm, 1 fM in den folg 5-Lftm-Bogen, ab * stets wdh, enden mit 3 Lftm und 1 fM in die oberste Ersatz-Lftm.

4. Reihe: 1 Wende-Lftm, 1 fM, 3 Lftm und 1 Stb in die 1. fM, * in die folg fM 1 fM, 3 Lftm und 1 Stb, ab * stets wdh, enden mit 1 fM auf die letzte fM.

5. Reihe: 1 Wende-Lftm, 1 fM auf die 1. fM, *5 Lftm, 1 fM auf die nächste fM, ab * stets wdh.

Die 1.–5. R 1 x arb, dann die 2.–5. R stets wdh.

Häkelschrift

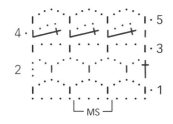

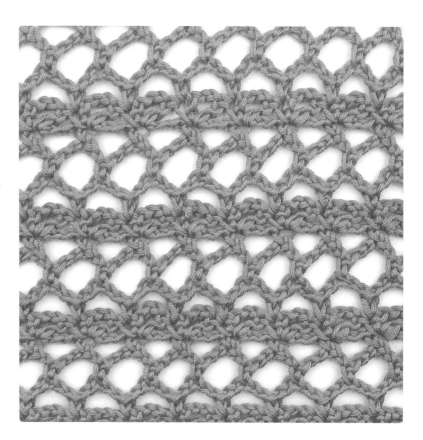

Laufen die Zeichen oben zus, werden die M zus abgemascht, laufen die Zeichen unten zus, werden die M in eine Einstichstelle gearbeitet.

NETZSTREIFEN

Lftm-Anschlag teilbar durch 15 + 3 Lftm. Gemäß Häkelschrift in R häkeln. Jede R mit 3 bzw. 1 Lftm als Ersatz für das 1. Stb bzw. die 1. fM und den M vor dem MS beginnen, den MS stets wdh, enden mit den M nach dem MS. Mit der Grund-R a beginnen, dann 1 x die 1.–4. R arb und die 3. und 4. R stets wdh.

Häkelschrift

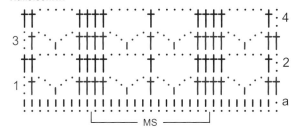

WÜRFELNETZ

Lftm-Anschlag teilbar durch 12 + 1 Lftm. Gemäß Häkelschrift in R häkeln. Jede R mit 1 bzw. 4 Lftm als Ersatz für die 1. fM bzw. das 1. DStb und den M vor dem MS beginnen, den MS stets wdh, enden mit den M nach dem MS. Die 1.–9. R 1 x arb, dann die 2.–9. R stets wdh.

Häkelschrift

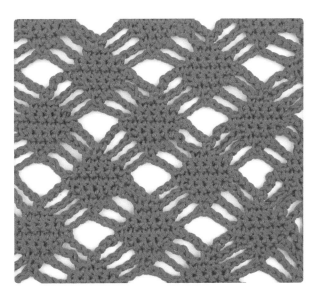

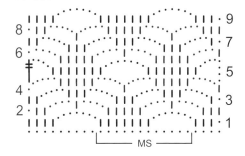

DIAMANTNETZ

Lftm-Anschlag teilbar durch 12 + 1 Lftm. Gemäß Häkelschrift in R häkeln. Jede R mit 1 zusätzlichen Wende-Lftm bzw. 5 Lftm als Ersatz für das 1. dreifach Stb und den M vor dem MS beginnen, den MS stets wdh, enden mit den M nach dem MS. Die 1.–4. R 1 x arb, dann die 3. und 4. R stets wdh.

Häkelschrift

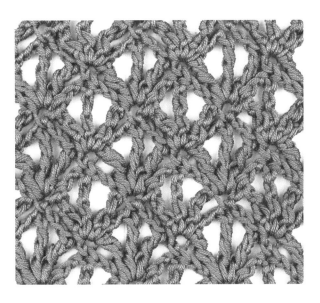

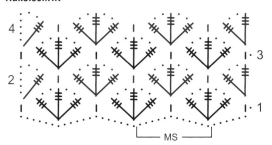

Zeichenerklärung für die Häkelmuster von dieser Doppelseite:

• = 1 Lftm | = 1 fM   † = 1 Stb   ‡ = 1 DStb   ‡ = dreifach Stb   Laufen die Zeichen unten zus, werden die M in eine Einstichstelle gearbeitet.

PÜNKTCHENNETZ

Lftm-Anschlag teilbar durch 5 + 3 Lftm. Gemäß Häkelschrift in R häkeln. Jede R mit 1 zusätzlichen Wende-Lftm bzw. 3 Lftm als Ersatz für das 1. Stb und den M vor dem MS beginnen, den MS stets wdh, enden mit den M nach dem MS. Die 1.–3. R 1 x arb, dann die 2. und 3. R stets wdh.

Häkelschrift

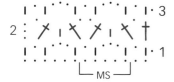

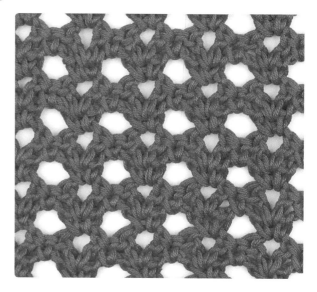

KÄSTCHENNETZ

Lftm-Anschlag teilbar durch 11 + 2 Lftm. Gemäß Häkelschrift in R häkeln. Jede R mit 3 Lftm als Ersatz für das 1. Stb und den M vor dem MS beginnen, den MS stets wdh, enden mit den M nach dem MS.
Die 1.–6. R 1 x arb, dann die 2.–6. R stets wdh.

Häkelschrift

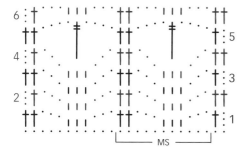

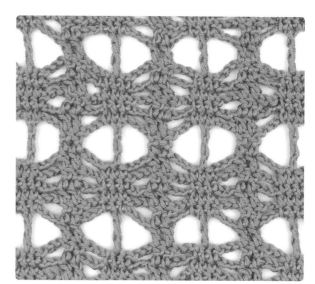

SONNENNETZ

Lftm-Anschlag teilbar durch 10 + 6 Lftm. Gemäß Häkelschrift in R häkeln. Jede R mit 1 zusätzlichen Wende-Lftm bzw. 4 Lftm als Ersatz für das 1. DStb und den M vor dem MS beginnen, den MS stets wdh, enden mit den M nach dem MS. Die 1.–6. R 1 x arb, dann die 3.–6. R stets wdh.

Häkelschrift

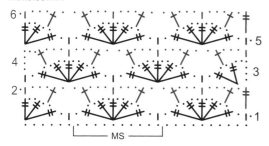

Filigrane Muster: BOGENMUSTER

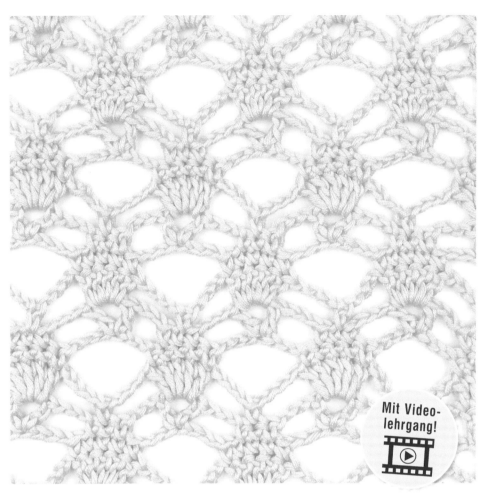

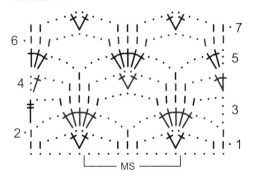

DREIFACH BOGEN

Lftm-Anschlag teilbar durch 10 + 1 Lftm.

1. Reihe: 1 Wende-Lftm, 2 fM, 3 Lftm, 3 M übergehen, *in die folg Lftm 1 Stb, 2 Lftm und 1 Stb, 3 Lftm, 3 M übergehen, 3 fM, 3 Lftm, 3 M übergehen, ab * stets wdh enden mit, in die folg Anschlag-M 1 Stb, 2 Lftm und 1 Stb, 3 Lftm, 3 M übergehen, 2 fM.

2. Reihe: 1 Wende-Lftm, 1 fM auf die 1. fM, 4 Lftm, 5 Stb in den 2-Lftm-Bogen, *4 Lftm, 1 fM auf die mittlere der 3 fM der Vor-R, 4 Lftm, 5 Stb in den folg 2-Lftm-Bogen, ab * stets wdh, enden mit 4 Lftm und 1 fM auf die letzte fM.

3. Reihe: 4 Lftm (= 1. DStb), 3 Lftm, *je 1 fM auf die folg 5 Stb, 7 Lftm, ab * stets wdh enden mit, je 1 fM auf die letzten 5 Stb, 3 Lftm und 1 DStb auf die letzte fM.

4. Reihe: 3 Lftm (= 1. Stb) und 1 Stb in das 1. DStb, 3 Lftm, je 1 fM auf die mittleren 3 fM der Vor-R, *3 Lftm, in die 4. Lftm des 7-Lftm-Bogens 1 Stb, 2 Lftm und 1 Stb, 3 Lftm, je 1 fM auf die mittleren 3 fM der Vor-R, ab * stets wdh, enden mit 3 Lftm und 2 Stb in die oberste Ersatz-Lftm.

5. Reihe: 3 Lftm (= 1. Stb) und 2 Stb zwischen die ersten 2 Stb, 4 Lftm, *1 fM auf die mittlere der 3 fM der Vor-R, 4 Lftm, 5 Stb in den folg 2-Lftm-Bogen, 4 Lftm, ab * stets wdh, enden mit 1 fM auf die mittlere der 3 fM der Vor-R, 4 Lftm und 3 Stb zwischen die letzten 2 Stb.

6. Reihe: 1 Wende-Lftm, je 1 fM auf die ersten 3 Stb, 7 Lftm, *je 1 fM auf die folg 5 Stb, 7 Lftm, ab * stets wdh, enden mit je 1 fM auf die letzten 3 Stb.

7. Reihe: 1 Wende-Lftm, je 1 fM auf die ersten 2 fM, 3 Lftm, *in die 4. Lftm des 7-Lftm-Bogens 1 Stb, 2 Lftm und 1 Stb, 3 Lftm, je 1 fM auf die mittleren 3 fM der Vor-R, 3 Lftm, ab * stets wdh enden mit, in die 4. Lftm des letzten 7-Lftm-Bogens 1 Stb, 2 Lftm und 1 Stb, 3 Lftm und je 1 fM auf die letzten 2 fM.

Die 1.–7. R 1 x arb, dann die 2.–7. R stets wdh.

Häkelschrift

Zeichenerklärung für die Häkelmuster von dieser Doppelseite:

● = 1 Lftm   **|** = 1 fM   † = 1 Stb   ⋔ = 3 zus abgemaschte Stb um den Lftm-Bogen   ‡ = 1 DStb   ⌒ = 1 Lftm-Bogen, die Zahl gibt die Anzahl der Lftm an

BOGENREIHEN

Lftm-Anschlag teilbar durch 10 + 2 Lftm.

1. Reihe: 4 Lftm (= 1. DStb), 3 Lftm, 1 fM in die 11. Lftm ab Nadel, *5 Lftm, 4 M übergehen, 1 fM, ab * stets wdh, enden mit 3 Lftm, 2 M übergehen und 1 DStb in die letzte Anschlag-M.

2. Reihe: 1 Lftm (= 1. fM), 3 Lftm, *in den folg 5-Lftm-Bogen 3 x [3 zus abgemaschte Stb, 3 Lftm], in den nächsten 5-Lftm-Bogen 1 fM und 3 Lftm, ab * stets wdh, enden mit in den letzten 5-Lftm-Bogen 3 x [3 zus abgemaschte Stb, 3 Lftm], 1 fM in die oberste Ersatz-Lftm.

3. Reihe: 4 Lftm (= 1. DStb), 3 Lftm, den 1. Lftm-Bogen übergehen, 1 fM in den folg Lftm-Bogen, 5 Lftm, 1 fM in den folg Lftm-Bogen, *6 Lftm, 2 Lftm-Bögen übergehen, 1 fM in den folg Lftm-Bogen, 5 Lftm, 1 fM in den folg Lftm-Bogen, ab * stets wdh, enden mit 3 Lftm und 1 DStb in die oberste Ersatz-Lftm.

4. Reihe: 1 Lftm (= 1. fM), 3 Lftm, *in den folg 5-Lftm-Bogen 3 x [3 zus abgemaschte Stb, 3 Lftm], in den folg 6-Lftm-Bogen 1 fM und 3 Lftm, ab * stets wdh, enden mit in den letzten 5-Lftm-Bogen 3 x [3 zus abgemaschte Stb, 3 Lftm], fM in die oberste Ersatz-Lftm.

Die 1.–4. R 1 x arb, dann die 3. und 4. R stets wdh. Das Muster beginnt mit einer Rück-R.

Häkelschrift

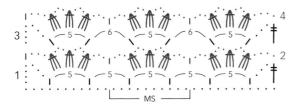

BOGENDUETT

Lftm-Anschlag teilbar durch 9.

1. Reihe – Fb A: 3 Lftm (= 1. Stb), je 1 Stb in die 5. und 6. Lftm ab Nadel, *5 Lftm, 3 Anschlag-M übergehen, je 1 Stb in die folg 6 Anschlag-M, ab * stets wdh, enden mit 5 Lftm, 3 Anschlag-M übergehen, je 1 Stb in die letzten 3 Anschlag-M.

2. Reihe – Fb A: 3 Lftm (= 1. Stb), *in den folg Lftm-Bogen 5 Stb, 1 Lftm und 5 Stb, ab * stets wdh, enden mit 1 Stb in die oberste Ersatz-Lftm.

3. Reihe – Fb B: 3 Lftm (= 1. Stb), *2 Stb übergehen, je 1 Stb auf die folg 3 Stb, 5 Lftm, den 1-Lftm-bogen übergehen, je 1 Stb auf die folg 3 Stb, 2 Stb übergehen, ab * stets wdh, enden mit 1 Stb in die oberste Ersatz-Lftm.

Die 1.–3. R 1 x arb, dann die 2. und 3. R stets wdh, dabei mit 2 R in Fb A beginnen, dann abwechselnd je 1 R in Fb B und und Fb A häkeln.

Häkelschrift

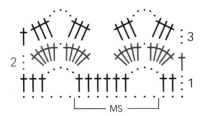

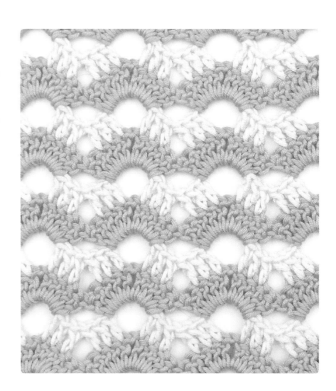

Laufen die Zeichen oben zus, werden die M zus abgemascht, laufen die Zeichen unten zus, werden die M in eine Einstichstelle gearbeitet.

VIDEO-LEHRGÄNGE
zu allen Mustern der Doppelseite im Internet auf YouTube:
http://bit.do/Haekelmuster

GRÖSSE

36–38 / 40–42 / 44

GARN

Lang Yarns Silkmerino (58 % Schurwolle,
38 % Seide, 4 % Polyester, LL 150 m/50 g)
250/300/300 g Sand (Fb 888.0026)

Das Garn ist im Fachhandel erhältlich oder als
Garnpaket zu bestellen bei: Strickdesign Heide
Opitz, Am Püttkamp 43, 40629 Düsseldorf,
Tel: 0211/282083, Email: opart@t-online.de; für
D€ 49,75/59,70/59,70 zuzüglich Versandkosten.

ABKÜRZUNGEN SEITE 126

NADELN UND ZUBEHÖR

Häkelnadel 6 mm
2 ovale Knöpfe, 52 x 24 mm von Union Knopf

MASCHENPROBE

10 M und 8,5 R im Grundmuster mit doppeltem
Faden = 10 x 10 cm

	15,5 (17,5) 20		15,5 (17,5) 20	16,5	6	15,5 (17,5) 20	
7,5				12			20 (21) 22
	20 (21) 22	20 (21) 22					
45	1/2 Rückenteil		rechtes Vorderteil	33		linkes Vorderteil	25 (24) 23
	25 (24) 23	25 (24) 23					
	23 (25) 27,5		32 (34) 36,5			21,5 (23,5) 26	

Häkelschrift Rock

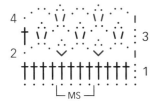

ASYMMETRISCHE WESTE HÄKELMUSTER

Grundmuster

Lftm-Anschlag teilbar durch 4 + 1 Lftm. Nach der
Häkelschrift häkeln. Mit den M vor dem MS beginnen,
den MS stets wdh, enden mit den M nach dem MS.
Die 1.-4. R 1 x arb, dann die 3. und 4. R stets wdh.
Ab der 3. R die fM stets um die Lftm der Vor-R arb.

HINWEIS

Alle Teile werden quer gearbeitet. Die Pfeile im
Schnitt geben die Arbeitsrichtung an.

RÜCKENTEIL

Beginnend an der im Tragen rechten Seitennaht
45 Lftm + 3 Lftm als Ersatz für das 1. Stb anschlagen und im Grundmuster häkeln.

Zeichenerklärung

· = 1 Lftm   Laufen die Zeichen unten zus, werden die M in eine
ı = 1 fM   Einstichstelle gearbeitet.
† = 1 Stb

ABKÜRZUNGEN SIEHE SEITE 126

Nach 38/42/46 R Gesamthöhe mit einer 1. Muster-R
enden, dabei in jeden 4-Lftm-Bogen 3 Stb, in jeden
3-Lftm-Bogen 1 Stb und in die 1. und letzte M je
1 Stb arb. Es ergeben sich 46 cm = 39 R/50 cm
= 43 R/55 cm = 47 R Gesamthöhe.

RECHTES VORDERTEIL

Beginnend an der im Tragen rechten Seitennaht
45 Lftm + 3 Lftm als Ersatz für das 1. Stb anschlagen und im Grundmuster häkeln.

Halsausschnitt

Nach 15,5 cm = 13 R/17,5 cm = 15 R/20 cm =
17 R Gesamthöhe die 12 cm = 3 MS am linken
Arbeitsrand behäkelt stehen lassen und gerade
weiterarb.
Nach 32 cm = 27 R/34 cm = 29 R/36,5 cm =
31 R Gesamthöhe enden.

LINKES VORDERTEIL

Beginnend an der im Tragen linken Seitennaht
45 Lftm + 3 Lftm als Ersatz für das 1. Stb anschlagen und im Grundmuster häkeln.

Halsausschnitt

Nach 15,5 cm = 13 R/17,5 cm = 15 R/20 cm =

17 R Gesamthöhe die 12 cm = 3 MS
am rechten Arbeitsrand unbehäkelt stehen lassen
und gerade weiterarb.
Nach 21,5 cm = 18 R/23,5 cm = 20 R/26 cm =
22 R Gesamthöhe enden.

FERTIGSTELLUNG

Schulter- und Seitennähte schließen, dabei an den
Seitennähten für die Armausschnitte die oberen je
20/21/22 cm offen lassen.
Den 1. Knopf unterhalb der Halsausschnittkante
ca. 6 cm von der vorderen Kante entfernt auf das
linke Vorderteil nähen, den 2. Knopf im Abstand
von 6 cm darunter. Die Knöpfe durch die Lftm-
Bögen des rechten Vorderteils knöpfen, sie dienen
als Knopflöcher.
Am unteren Westenrand in jede 2. R der Kante
eine Franse einknüpfen. Pro Franse 5 Fäden von
32 cm Länge zuschneiden. Die Fäden doppelt
zusammenlegen, mit der Häkelnadel in die gewünschte Einstichstelle einstechen und die Mitte
der Fäden erfassen und ein Stück durchziehen,
so dass eine Schlinge entsteht. Dann mit der
Häkelnadel die Fäden erfassen und durch diese
Schlinge ziehen. ❖

Heide Opitz

Weste Janice

Von Seitennaht zu Seitennaht entsteht hier ein
attraktives Westchen in einem anfängerleichten
Bogenmuster. Zum Schluss werden noch
trendige Fransen eingeknüpft.

HOHE BÖGEN

Lftm-Anschlag teilbar durch 6 + 1 Lftm. Gemäß Häkelschrift in R häkeln. Jede R mit 1 zusätzlichen Wende-Lftm bzw. 3 oder 4 Lftm als Ersatz für das 1. Stb oder DStb und den M vor dem MS beginnen, den MS stets wdh, enden mit den M nach dem MS. Die 1.–12. R 1 x arb, dann die 5.–12. R stets wdh.

Häkelschrift

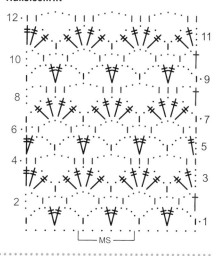

PFEILBÖGEN

Lftm-Anschlag teilbar durch 12 + 1 Lftm. Gemäß Häkelschrift in R häkeln. Jede R mit 3 bzw. 4 Lftm als Ersatz für das 1. Stb bzw. das 1. DStb und den M vor dem MS beginnen, den MS stets wdh, enden mit den M nach dem MS. Die 1.–5. R 1 x arb, dann die 2.–5. R stets wdh. Das Muster beginnt mit einer Rück-R.

Häkelschrift

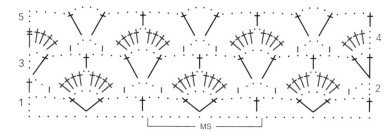

KRONENBÖGEN

Lftm-Anschlag teilbar durch 12 + 11 Lftm. Gemäß Häkelschrift in R häkeln. Jede R mit 3 Lftm als Ersatz für das 1. Stb bzw. 1 zusätzlichen Wende-Lftm und den M vor dem MS beginnen, den MS stets wdh, enden mit den M nach dem MS. Die 1.–6. R 1 x arb, dann die 3.–6. R stets wdh. Die Stb in den Rück-R um die Lftm-Bögen der Vor-R arb.

Häkelschrift

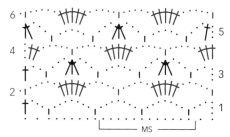

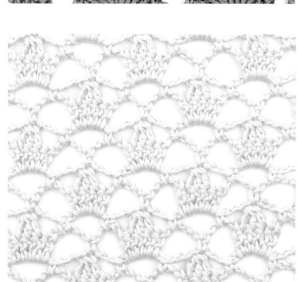

Zeichenerklärung für die Häkelmuster von dieser Doppelseite:

● = 1 Lftm | = 1 fM   ⋎ = 3 fM in eine Einstichstelle   ‡ = 1 sechsfach Stb   Laufen die Zeichen oben zus, werden die M zus abgemascht, laufen die
‡ = 1 DStb   T = 1 hStb   † = 1 Stb   Zeichen unten zus, werden die M in eine Einstichstelle gearbeitet.

BOGENSTREIFEN

Lftm-Anschlag teilbar durch 12 + 1 Lftm. Gemäß Häkelschrift in R häkeln. Jede R mit 3, 4 bzw. 1 Lftm als Ersatz für das 1. Stb, 1. DStb bzw. die 1. fM und den M vor dem MS beginnen, den MS stets wdh, enden mit den M nach dem MS. Die 1.–5. R 1 x arb, dann die 2.–5. R stets wdh.

Häkelschrift

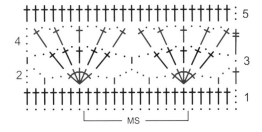

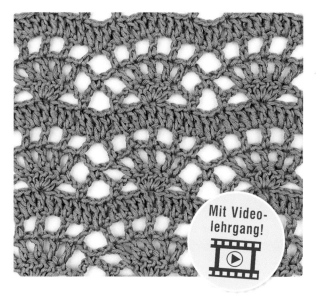

Mit Video-lehrgang!

BALLONBÖGEN

Lftm-Anschlag teilbar durch 18 + 1 Lftm. Gemäß Häkelschrift in R häkeln. Jede R mit 1 zusätzlichen Wende-Lftm bzw. 2, 3 oder 8 Lftm als Ersatz für das 1. hStb, Stb oder sechsfach Stb und den M vor dem MS beginnen, den MS stets wdh, enden mit den M nach dem MS. Die 1.–16. R 1 x arb, dann die 3.–16. R stets wdh.

Häkelschrift

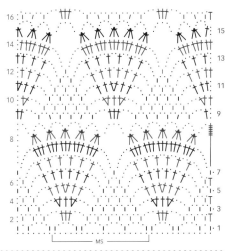

MANDELBÖGEN

Lftm-Anschlag teilbar durch 5 + 1 Lftm. Gemäß Häkelschrift in R häkeln. Jede R mit 1 zusätzlichen Wende-Lftm bzw. 3 Lftm als Ersatz für das 1. Stb und den M vor dem MS beginnen, den MS stets wdh, enden mit den M nach dem MS. Die 1.–5. R 1 x arb, dann die 2.–5. R stets wdh.

Häkelschrift

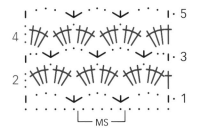

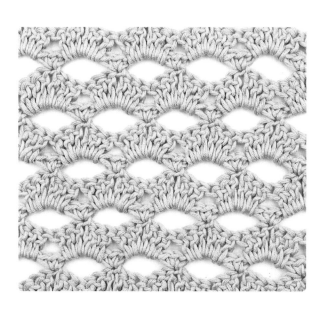

VIDEO-LEHRGÄNGE
zu allen Mustern der Doppelseite im Internet auf YouTube:
http://bit.do/Haekelmuster

DOPPELFÄCHER

Lftm-Anschlag teilbar durch 12 + 1 Lftm.

1. Reihe: 3 Lftm (= 1. Stb) und 1 Stb in die 4. Lftm ab Nadel, 1 Lftm, 5 M übergehen, *in die folg Anschlag-M 4 Stb, 2 Lftm und 4 Stb, 1 Lftm, 5 M übergehen, in die folg Anschlag-M 1 Stb, 1 Lftm und 1 Stb, 1 Lftm, 5 M übergehen, ab * stets wdh, enden mit 4 Stb, 2 Lftm und 4 Stb in die folg Anschlag-M, 1 Lftm, 5 M übergehen, 2 Stb in die letzte Anschlag-M.

2. Reihe: 3 Lftm (= 1. Stb) und 1 Stb in die 1. M, 1 Stb und 1 Lftm übergehen, *4 zus abgemaschte Stb auf die folg 4 Stb, 4 Lftm, 1 fM in den 2-Lftm-Bogen, 4 Lftm, 4 zus abgemaschte Stb auf die folg 4 Stb, 1 Lftm und 1 Stb übergehen, in den folg 1-Lftm-Bogen 1 Stb, 1 Lftm und 1 Stb, 1 Stb und 1 Lftm übergehen, ab * stets wdh, enden mit 4 zus abgemaschte Stb auf die folg 4 Stb, 4 Lftm, 1 fM in den 2-Lftm-Bogen, 4 Lftm, 4 zus abgemaschte Stb auf die folg 4 Stb, 1 Lftm und 1 Stb übergehen, 2 Stb in die oberste Ersatz-Lftm.

3. Reihe: 3 Lftm (= 1. Stb) und 4 Stb in die 1. M, 1 Lftm, *in die folg fM der Vor-R 1 Stb, 1 Lftm und 1 Stb, 1 Lftm, in den folg 1-Lftm-Bogen 4 Stb, 2 Lftm und 4 Stb, 1 Lftm, ab * stets wdh, enden mit in die letzte fM der Vor-R 1 Stb, 1 Lftm und 1 Stb, 1 Lftm, 5 Stb in die oberste Ersatz-Lftm.

4. Reihe: 3 Lftm (= 1. Stb) und 1 Stb in die 1. M, 4 Lftm, 4 zus abgemaschte Stb auf die folg 4 Stb, 1 Lftm und 1 Stb übergehen, *in den folg 1-Lftm-Bogen 1 Stb, 1 Lftm und 1 Stb, 1 Stb und 1 Lftm übergehen, 4 zus abgemaschte Stb auf die folg 4 Stb, 4 Lftm, 1 fM in den 2-Lftm-Bogen, 4 Lftm, 4 zus abgemaschte Stb auf die folg 4 Stb, 1 Lftm und 1 Stb übergehen, ab * stets wdh, enden mit in den folg 1-Lftm-Bogen 1 Stb, 1 Lftm und 1 Stb, 1 Stb und

1 Lftm übergehen, 4 zus abgemaschte Stb auf die folg 4 Stb, 4 Lftm, 2 Stb in die oberste Ersatz-Lftm.

5. Reihe: 3 Lftm (= 1. Stb) und 1 Stb in die 1. M, 1 Lftm, *in den folg 1-Lftm-Bogen 4 Stb, 2 Lftm und 4 Stb, 1 Lftm, in die folg fM der Vor-R 1 Stb, 1 Lftm und 1 Stb, 1 Lftm, ab * stets wdh, enden mit in den letzten 1-Lftm-Bogen 4 Stb, 2 Lftm und 4 Stb, 1 Lftm, 2 Stb in die oberste Ersatz-Lftm.

Die 1.–5. R 1 x arb, dann die 2.–5. R stets wdh.

Häkelschrift

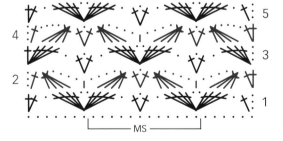

Zeichenerklärung für die Häkelmuster von dieser Doppelseite:

• = 1 Lftm   ǀ = 1 fM   † = 1 Stb   Laufen die Zeichen oben zus, werden die M zus abgemascht, laufen die Zeichen unten zus, werden die M in eine Einstichstelle gearbeitet.

VERSETZTE FÄCHER

Lftm-Anschlag teilbar durch 5 + 1 Lftm.

1. Reihe: 3 Lftm (= 1. Stb) und 2 Stb in die 4. Lftm ab Nadel, *1 Lftm, 4 Lftm übergehen, 5 Stb in die folg Anschlag-Lftm, ab * stets wdh, enden mit 1 Lftm, 4 Lftm übergehen und 3 Stb in die letzte Anschlag-Lftm.

2., 4. und 6. Reihe: 3 Lftm (= 1. Stb), *5 Stb in die folg Lftm, 1 Lftm, ab * stets wdh, enden mit 5 Stb in die letzte Lftm und 1 Stb in die oberste Ersatz-Lftm.

3. und 5. Reihe: 3 Lftm (= 1. Stb) und 2 Stb in die 1. M, *1 Lftm, 5 Stb in die folg Lftm, ab * stets wdh, enden mit 1 Lftm und 3 Stb in die oberste Ersatz-Lftm.

Die 1.–6. R 1 x arb, dann die 5. und 6. R stets wdh.

Häkelschrift

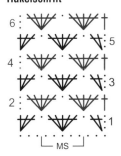

FÄCHERNETZ

Lftm-Anschlag teilbar durch 8 + 1 Lftm.

1. Reihe: 1 Lftm (= 1. fM) und 1 Lftm, 1 fM in die 5. Lftm ab Nadel, *3 Lftm, 3 M übergehen, 1 fM, ab * stets wdh, enden mit 1 Lftm, 1 M übergehen und 1 fM.

2. Reihe: 3 Lftm (= 1. Stb), 2 Stb in den ersten 1-Lftm-Bogen, 1 Lftm, 1 Stb in den ersten 3-Lftm-Bogen, 1 Lftm, *4 Stb in den folg 3-Lftm-Bogen, 1 Lftm, 1 Stb in den folg 3-Lftm-Bogen, 1 Lftm, ab * stets wdh, enden mit 2 Stb in den letzten 1-Lftm-Bogen und 1 Stb in die Ersatz-Lftm.

3. Reihe: 1 Lftm (= 1. fM) und 1 Lftm, die ersten 3 Stb übergehen, 1 fM um die 1. Lftm, 3 Lftm, 1 Stb übergehen, 1 fM um die folg Lftm, *3 Lftm, 4 Stb übergehen, 1 fM um die folg Lftm, 3 Lftm, 1 Stb übergehen, 1 fM um die folg Lftm, ab * stets wdh, enden mit 1 Lftm und 1 fM in die oberste Ersatz-Lftm.

4. Reihe: 3 Lftm (= 1. Stb), 1 Lftm, 4 Stb in den ersten 3-Lftm-Bogen, *1 Lftm, 1 Stb in den folg 3-Lftm-Bogen, 1 Lftm, 4 Stb in den folg 3-Lftm-Bogen, ab * stets wdh, enden mit 1 Lftm und 1 Stb in die Ersatz-Lftm.

5. Reihe: 1 Lftm (= 1. fM) und 1 Lftm, 1 fM um die 1. Lftm, 3 Lftm, 4 Stb übergehen, 1 fM um die folg Lftm, *3 Lftm, 1 Stb übergehen, 1 fM um die folg Lftm, 3 Lftm, 4 Stb übergehen, 1 fM um die folg Lftm, ab * stets wdh, enden mit 1 Lftm und 1 fM in die oberste Ersatz-Lftm.

Die 1.–5. R 1 x arb, dann die 2.–5. R stets wdh. Das Muster beginnt mit einer Rück-R.

Häkelschrift

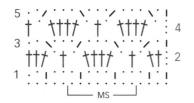

FÄCHERREIHEN

Lftm-Anschlag teilbar durch 8 + 1 Lftm. Gemäß Häkelschrift in R häkeln. Jede R mit 1 bzw. 3 Lftm als Ersatz für die 1. fM bzw. das 1. Stb und den M vor dem MS beginnen, den MS stets wdh, enden mit den M nach dem MS. Die 1.–6. R 1 x arb, dann die 5. und 6. R stets wdh. Das Muster beginnt mit 1 Rück-R.

Häkelschrift

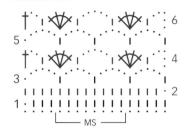

VERNETZTE FÄCHER

Lftm-Anschlag teilbar durch 14 + 1 Lftm. Gemäß Häkelschrift in R häkeln. Jede R mit 3 Lftm als Ersatz für das 1. Stb bzw. 1 zusätzlichen Wende-Lftm und den M vor dem MS beginnen, den MS stets wdh, enden mit den M nach dem MS. Die 1.–9. R 1 x arb, dann die 2.–9. R stets wdh. Das Muster beginnt mit einer Rück-R.

Häkelschrift

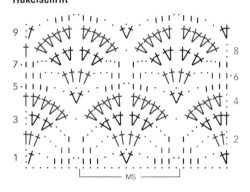

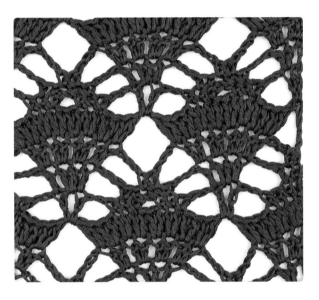

SCHRÄGE FÄCHER

Lftm-Anschlag teilbar durch 7 + 2 Lftm. Gemäß Häkelschrift in R häkeln. Jede R mit 1 bzw. 3 Lftm als Ersatz für die 1. fM bzw. das 1. Stb und den M vor dem MS beginnen, den MS stets wdh, enden mit den M nach dem MS. Die 1.–5. R 1 x arb, dann die 4. und 5. R stets wdh.

Häkelschrift

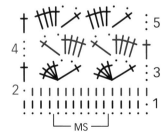

Zeichenerklärung für die Häkelmuster von dieser Doppelseite:

• = 1 Lftm | = 1 fM   † = 1 Stb   ‡ = 1 DStb

Laufen die Zeichen oben zus, werden die M zus abgemascht, laufen die Zeichen unten zus, werden die M in eine Einstichstelle gearbeitet.

FÄCHERRANKEN

Lftm-Anschlag teilbar durch 12 + 7 Lftm. Gemäß Häkelschrift in R häkeln. Jede R mit 3 Lftm als Ersatz für das 1. Stb und den M vor dem MS beginnen, den MS stets wdh, enden mit den M nach dem MS. Die 1.–5. R 1 x arb, dann die 2.–5. R stets wdh.

Häkelschrift

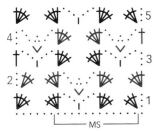

FÄCHERGITTER

Lftm-Anschlag teilbar durch 10 + 2 Lftm. Gemäß Häkelschrift in R häkeln. Jede R mit 1 bzw. 3 Lftm als Ersatz für die 1. fM bzw. das 1. Stb und den M vor dem MS beginnen, den MS stets wdh, enden mit den M nach dem MS. Die 1.-6. R 1 x arb, dann die 3.-6. R stets wdh.

Häkelschrift

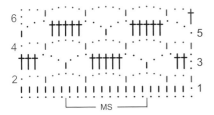

Mit Video-
lehrgang!

FÄCHERRAUTEN

Lftm-Anschlag teilbar durch 18 + 2 Lftm. Gemäß Häkelschrift in R häkeln. Jede R mit 4 Lftm als Ersatz für das 1. DStb und den M vor dem MS beginnen, den MS stets wdh, enden mit den M nach dem MS. Die 1.–7. R 1 x arb, dann die 2.–7. R stets wdh.

Häkelschrift

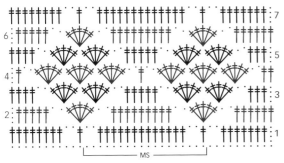

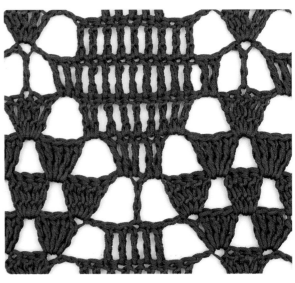

VIDEO-LEHRGÄNGE
zu allen Mustern der
Doppelseite im Internet
auf YouTube:
http://bit.do/Haekelmuster

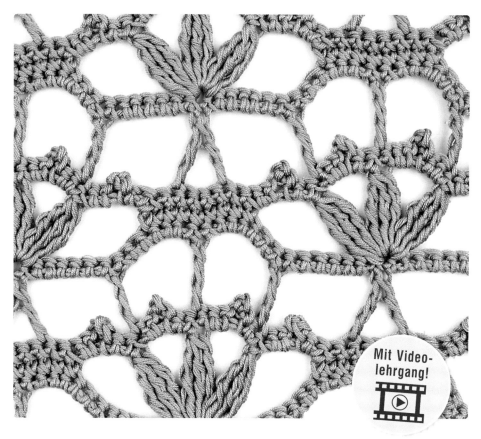

Mit Video-
lehrgang!

SEEROSEN

Lftm-Anschlag teilbar durch 20 + 1 Lftm.
1. Reihe: 1 Lftm (= 1. fM), je 1 fM in die 3. Lftm ab Nadel und die folg 3 Lftm, 4 Lftm, 5 M übergehen, in die folg Anschlag-M 1 Blüte (= 3 x abwechselnd 3 zus abgemaschte dreifach Stb in eine M und 4 Lftm), 5 M übergehen, *9 fM, 4 Lftm, 5 M übergehen, in die folg Anschlag-M 1 Blüte, 5 M übergehen, ab * stets wdh, enden mit 5 fM.
2. Reihe: 1 Lftm (= 1. fM), 3 fM, 1 fM übergehen, in den 1. Lftm-Bogen der 1. Blüte 2 fM, 1 Picot (= 3 Lftm und 1 fM zurück in die 1. Lftm) und 2 fM, in den 2. Bogen 3 fM, 1 Picot und 2 fM, 1 fM in die Mitte der Blüte, in den 3. Bogen 2 fM, 1 Picot und 3 fM, in den 4. Bogen 2 fM, 1 Picot und 2 fM, 1 fM übergehen, *7 fM, in den 1. Lftm-Bogen der folg Blüte 2 fM, 1 Picot und 2 fM, in den 2. Bogen 3 fM, 1 Picot und 2 fM, 1 fM in die Mitte der Blüte, in den 3. Bogen 2 fM, 1 Picot und 3 fM, in den 4. Bogen 2 fM, 1 Picot und 2 fM, 1 fM übergehen, ab * stets wdh, enden mit 4 fM.
3. Reihe: 3 Lftm (= 1. halb abgemaschtes DStb) und 1 DStb in die 3. M, *6 Lftm, 3 x [1 DStb in die mittlere fM zwischen den folg 2 Picots der folg Blüte, 6 Lftm], den 4. Picot und die folg 3 fM übergehen, 1 halb abgemaschtes DStb (nur 2 x 2 Schlingen abmaschen), 3 fM übergehen, 1 halb abgemaschtes

DStb, dann die 3 Schlingen zus abmaschen, ab * stets wdh, vor dem letzten halb abgemaschten DStb nur 1 fM übergehen.
4. und 8. Reihe: 1 Lftm (= 1. fM), um jeden 6-Lftm-Bogen 6 fM und auf jedes DStb bzw. zus abgemaschte DStb 1 fM.
5. Reihe: 4 Lftm (= 1. halb enden dreifach Stb) und 1 dreifach Stb in die 1. M, 4 Lftm, 3 zus abgemaschtes dreifach Stb ebenfalls in die 1. M, 4 Lftm, 9 fM übergehen, *9 fM, 4 Lftm, 9 fM übergehen, in die folg fM 1 Blüte, 9 fM übergehen, ab * stets wdh, enden mit 9 fM, 4 Lftm, 9 fM übergehen, in die Ersatz-Lftm 3 zus abgemaschte dreifach Stb,

4 Lftm und 2 zus abgemaschte dreifach Stb.
6. Reihe: 1 Lftm (= 1. fM), in den 1. Lftm-Bogen 2 fM, 1 Picot und 3 fM, in den 2. Lftm-Bogen 2 fM, 1 Picot und 2 fM, 1 fM übergehen, 7 fM, *in den 1. Lftm-Bogen der folg Blüte 2 fM, 1 Picot und 2 fM, in den 2. Bogen 3 fM, 1 Picot und 2 fM, 1 fM in die Mitte der Blüte, in den 3. Bogen 2 fM, 1 Picot und 3 fM, in den 4. Bogen 2 fM, 1 Picot und 2 fM, 1 fM übergehen, 7 fM, ab * stets wdh, in den vorletzten Lftm-Bogen 2 fM, 1 Picot und 2 fM, in den letzten Lftm-Bogen 3 fM, 1 Picot und 2 fM, 1 fM auf die letzte M.
7. Reihe: 4 Lftm (= 1. DStb), 6 Lftm, 1 DStb in die mittlere fM zwischen dem 1. und 2. Picot, 6 Lftm, den 2. Picot und die folg 3 fM übergehen, 1 halb abgemaschtes DStb, 3 fM übergehen, 1 halb abgemaschtes DStb, dann die 3 Schlingen zus abmaschen, *6 Lftm, 3 x [1 DStb in die mittlere fM zwischen den folg 2 Picots der folg Blüte, 6 Lftm], den 4. Picot und die folg 3 fM übergehen, 1 halb abgemaschtes DStb, 3 fM übergehen, 1 halb abgemaschtes DStb, dann die 3 Schlingen zus abmaschen, ab * stets wdh, enden mit 6 Lftm, 1 DStb in die mittlere fM zwischen den letzten 2 Picots, 6 Lftm, 1 DStb in die Ersatz-Lftm.
9. Reihe: 1 Lftm (= 1. fM), 4 fM, 4 Lftm, 9 fM übergehen, in die folg fM 1 Blüte, 9 fM übergehen, *9 fM, 4 Lftm, 9 fM übergehen, in die folg fM 1 Blüte, 9 fM übergehen, ab * stets wdh, enden mit 5 fM.

Die 1.–9. R 1 x arb, dann die 2.–9. R stets wdh.

Häkelschrift

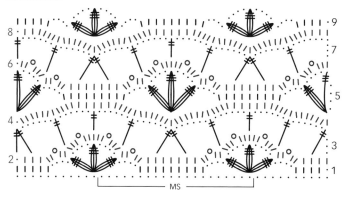

MS

Zeichenerklärung für die Häkelmuster von dieser Doppelseite:

• = 1 Lftm   I = 1 fM   † = 1 Stb   ‡ = 1 DStb   ‡ = 1 dreifach Stb   o = 1 Picot: 3 Lftm und 1 fM zurück in die 1. Lftm

0 = 1 Büschel-M (BM): 3 zus abgemaschte hStb in eine Einstichstelle   ⌣ = 3 Lftm und 2 zus abgemaschte Stb zurück in die 1. Lftm

KAKTEENBLÜTEN

Lftm-Anschlag teilbar durch 8 + 5 Lftm.

1. Reihe: 3 Lftm (= 1. Stb), 1 Stb in die 5. Lftm ab Nadel und jede weiter Anschlag-Lftm.

2. Reihe: 3 Lftm (= 1. Stb), 1 Lftm, 2 zus abgemaschte Stb, dabei in die 1. M und die folg 4. M einstechen, *3 Lftm, 2 zus abgemaschte Stb, dabei in die Einstichstelle des letzten Stb und in die folg 4. M einstechen, ab * stets wdh, enden mit 1 Lftm und 1 Stb in die Einstichstelle des letzten Stb.

3. Reihe: 4 Lftm (= 1. DStb), in die zus abgemaschten Stb der Vor-R 1 DStb, 1 Lftm und 1 DStb, 1 Stb-Picot (= 3 Lftm und 2 zus abgemaschte Stb zurück in die 1. Lftm), *3 zus abgemaschte Stb (= 1 halb abgemaschtes Stb in die Einstichstelle der 2 DStb, 1 Lftm-Bogen übergehen, 1 halb abgemaschtes Stb in die nächste Einstichstelle, 1 Lftm-Bogen übergehen, 1 halb abgemaschtes Stb in die folg Einstichstelle, dann die 4 Schlingen zus abmaschen), 1 Stb-Picot, in die letzte Einstichstelle der 3 zus abgemaschten Stb 1 DStb, 1 Lftm und 1 DStb, 1 Stb-Picot, ab * stets wdh, enden mit 3 zus abgemaschte Stb (siehe oben), 1 Stb-Picot, in die letzte Einstichstelle der 3 zus abgemaschten Stb 1 DStb, 1 Lftm und 1 DStb, enden mit 1 DStb in die oberste Ersatz-Lftm.

4. Reihe: 3 Lftm (= 1. Stb), 2 Lftm, in den folg 1-Lftm-Bogen 1 BM (= 3 zus abgemaschte hStb in eine Einstichstelle), 4 Lftm, 1 BM in das folg

DStb, *in das folg DStb 1 BM, 4 Lftm, in den 1-Lftm-Bogen 1 BM, 4 Lftm, in das folg DStb 1 BM, ab * stets wdh, enden mit in das vorletzte DStb 1 BM, 4 Lftm, in den 1-Lftm-Bogen 1 BM, 2 Lftm und 1 Stb in die oberste Ersatz-Lftm.

5. Reihe: 1 Wende-Lftm, 1 fM auf das Stb, *3 Lftm, 1 fM in den folg 4-Lftm-Bogen, ab * stets wdh, enden mit 3 Lftm und 1 fM in die oberste Ersatz-Lftm.

6. Reihe: 3 Lftm (= 1. Stb), 1 Lftm, 2 zus abgemaschtes Stb, dabei in die 1. fM und die folg fM einstechen, *3 Lftm, 2 zus abgemaschte Stb, dabei in die letzte fM und in die folg fM einstechen, ab * stets wdh, 1 Lftm und 1 Stb in die Einstichstelle des letzten Stb.

7. Reihe: 3 Lftm (= 1. Stb), auf jede Lftm und M 1 Stb, dabei die Stb um die Lftm-Bögen arb. Die 1.–7. R 1 x arb, dann die 2.–7. R stets wdh.

Häkelschrift

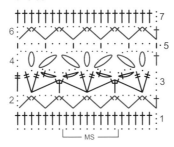

PÜNKTCHENBLÜTE

Lftm-Anschlag teilbar durch 9 + 2 Lftm.

1. Reihe: 3 Lftm (= 1. Stb), *1 Stb in die 5. Lftm ab Nadel, 3 Lftm, 2 M übergehen, 1 fM, 3 Lftm, 1 M übergehen, 1 fM, 3 Lftm, 2 M übergehen, 1 Stb, ab * stets wdh, enden mit 1 Stb.

2. Reihe: 3 Lftm (= 1. Stb), *1 Stb auf das folg Stb, 2 Stb in den folg Lftm-Bogen, 3 Lftm, 1 fM in den folg Lftm-Bogen, 3 Lftm, 2 Stb in den folg Lftm-Bogen, 1 Stb auf das folg Stb, ab * stets wdh, enden mit 1 Stb.

3. Reihe: 3 Lftm (= 1. Stb), *je 1 Stb auf die folg 3 Stb, 2 Stb in den folg Lftm-Bogen, 1 Lftm, 2 Stb in den folg Lftm-Bogen, je 1 Stb auf die folg 3 Stb, ab * stets wdh, enden mit 1 Stb.

4. Reihe: 3 Lftm (= 1. Stb), *je 1 Stb auf die folg 3 Stb, 3 Lftm, 1 fM in den 1-Lftm-Bogen, 3 Lftm, 2 Stb übergehen, je 1 Stb auf die folg 3 Stb, ab * stets wdh, enden mit 1 Stb.

5. Reihe: 3 Lftm (= 1. Stb), *1 Stb auf das folg Stb, 3 Lftm, 1 fM in den folg Lftm-Bogen, 3 Lftm, 1 fM in den folg Lftm-Bogen, 3 Lftm, 2 Stb übergehen, 1 Stb in das folg Stb, ab * stets wdh, enden mit 1 Stb.

Die 1.–5. R 1 x arb, dann die 2.–5. R stets wdh.

Häkelschrift

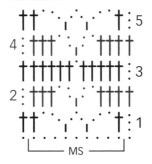

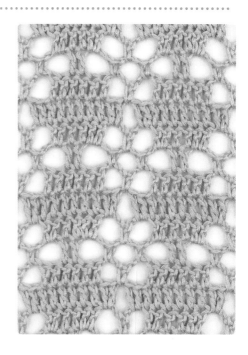

Laufen die Zeichen oben zus, werden die M zus abgemascht, laufen die Zeichen unten zus, werden die M in eine Einstichstelle gearbeitet.

VIDEO-LEHRGÄNGE zu allen Mustern der Doppelseite im Internet auf YouTube: http://bit.do/Haekelmuster

Kreativteam Lang Yarns

Häkeltuch Meeresblüte

Blüten im Netz – das modische Häkeltuch bezaubert durch
ein filigranes Muster und das harmonische Farbenspiel des weichen
Schurwollemischgarns.

GRÖSSE

130 cm Breite und 60 cm Höhe

GARN

Lang Yarns Jawoll Magic Dégradé (75 % Schurwolle,
25 % Polyamid, LL 400 m/100 g)
200 g Hellblau-Flieder-Braun (Fb 85.0024)

ABKÜRZUNGEN SEITE 126

DREIECKTUCH
HÄKELMUSTER
Fantasiemuster

M-Zahl teilbar durch 24 + 19 M. Nach der Häkelschrift in R arb. Die Hin-R mit 3 Lftm als Ersatz für
das 1. Stb beginnen, in den Rück-R das letzte
Kästchen der Vor-R mit 3 Kett-M übergehen und
mit 5 Lftm als Ersatz für das 1. Kästchen beginnen.
In der Breite mit den M vor dem MS beginnen, den
MS stets wdh und mit den M nach dem MS enden.
In der Höhe die 1.–13. R 1 x arb, dann die 6.–13.R
stets wdh.

DREIECKTUCH

283 Lftm + 5 Lftm (= 1. Kästchen) anschlagen,
dann im Fantasiemuster häkeln, das ergibt 94 Käst-

NADELN

Häkelnadel 2,5 mm

MASCHENPROBE

26,5 M und 12 R im Fantasiemuster = 10 x 10 cm

chen. Gleichzeitig am linken Rand wie eingezeichnet
in jeder R 1 Kästchen abnehmen, bis alle M aufge-
braucht sind.

FERTIGSTELLUNG

Das Tuch mit 1 Rd Stb umhäkeln. An der linken
unteren Ecke beginnen, siehe Pfeil in der Häkelschrift,
und zunächst die Anschlagkante, dann die gerade
Seitenkante behäkeln. Hierbei in jedes Kästchen
2 Stb und auf jedes Stb 1 Stb arb (= 3 Stb pro
Kästchen bzw. R) sowie in die Ecken je 5 Stb.
Zum Schluss die schräge Kante behäkeln, dabei in
jedes Kästchen am Rand 3 Stb häkeln, davon das
2. und 3. Stb zus abmaschen und noch je 1 Stb
zwischen die R arb. Die Rd mit 1 Kett-M in das 1. Stb
schließen.

Häkelschrift

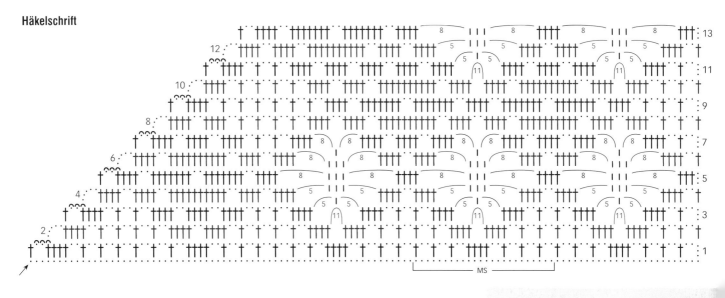

Zeichenerklärung:

- • = 1 Lftm
- ∩ = 1 Kett-M
- I = 1 fM
- † = 1 Stb
- ⌒ = 1 Lftm-Bogen, die Zahl gibt die Anzahl der Lftm an

VIDEO-LEHRGÄNGE
zu allen Mustern der
Doppelseite im Internet
auf YouTube:
http://bit.do/Haekelmuster

LILIENMUSTER

Lftm-Anschlag teilbar durch 11 + 2 Lftm. Gemäß Häkelschrift in R häkeln. Jede R mit 1 zusätzlichen Wende-Lftm bzw. 3 oder 4 Lftm als Ersatz für das 1. Stb oder DStb und den M vor dem MS beginnen, den MS stets wdh, enden mit den M nach dem MS. Die 1.–9. R 1 x arb, dann die 4.–9. R stets wdh.

Häkelschrift

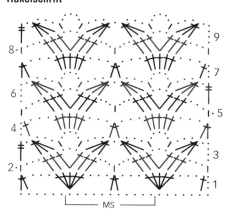

BLUMENSPALIER

Lftm-Anschlag teilbar durch 18 + 15 Lftm. Gemäß Häkelschrift in R häkeln. Jede R mit 3 Lftm als Ersatz für das 1. Stb und den M vor dem MS beginnen, den MS stets wdh, enden mit den M nach dem MS. Die 1.–6. R 1 x arb, dann die 3.–6. R stets wdh. Das Muster beginnt mit einer Rück-R.

Häkelschrift

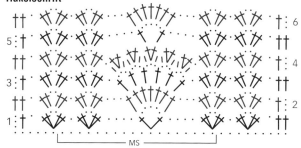

BLÜTENSTERNE

Lftm-Anschlag teilbar durch 7 + 2 Lftm. Gemäß Häkelschrift in R häkeln. Jede R mit 2 bzw. 3 Lftm als Ersatz für das 1. hStb bzw. 1. Stb und den M vor dem MS beginnen, den MS stets wdh, enden mit der M nach dem MS. Die 1.–6. R 1 x arb, dann die 3.–6. R stets wdh.

Häkelschrift

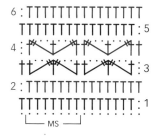

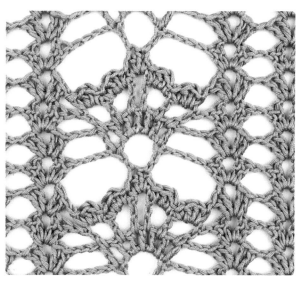

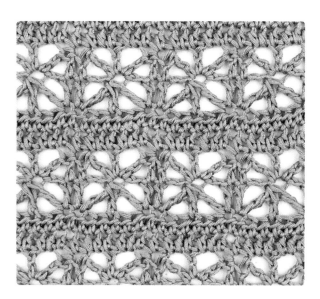

Zeichenerklärung für die Häkelmuster von dieser Doppelseite:

• = 1 Lftm | = 1 fM   T = 1 hStb   † = 1 Stb   ‡ = 1 DStb

Laufen die Zeichen oben zus, werden die M zus abgemascht, laufen die Zeichen unten zus, werden die M in eine Einstichstelle gearbeitet.

ABKÜRZUNGEN SIEHE SEITE 126

MAGNOLIENMUSTER

Lftm-Anschlag teilbar durch 20 + 3 Lftm. Gemäß Häkelschrift in R häkeln. Jede R mit 1 bzw. 3 Lftm als Ersatz für die 1. fM bzw. das 1. Stb und den M vor dem MS beginnen, den MS stets wdh, enden mit den M nach dem MS. Die 1.–10. R 1 x arb, dann die 7.–10. R stets wdh. Das Muster beginnt mit einer Rück-R.

Häkelschrift

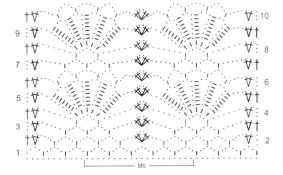

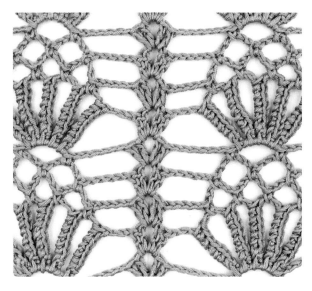

KNOSPENMUSTER

Lftm-Anschlag teilbar durch 10 + 2 Lftm. Gemäß Häkelschrift in R häkeln. Jede R mit 4 bzw. 1 Lftm als Ersatz für das 1. DStb bzw. die 1. fM und den M vor dem MS beginnen, den MS stets wdh, enden mit den M nach dem MS. Die 1.–3. R 1 x arb, dann die 2. und 3. R stets wdh. Das Muster beginnt mit einer Rück-R.

Häkelschrift

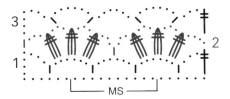

MARGERITEN-MUSTER

Lftm-Anschlag teilbar durch 14 + 1 Lftm. Gemäß Häkelschrift in R häkeln. Jede R mit 3 bzw. 1 Lftm als Ersatz für das 1. Stb bzw. die 1. fM und den M vor dem MS beginnen, den MS stets wdh, enden mit den M nach dem MS. Die 1.–10. R 1 x arb, dann die 3.–10. R stets wdh.

Häkelschrift

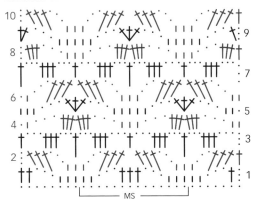

Mit Video-lehrgang!

Muschel- und Wellenmuster

Ein bewegtes, dynamisches Auf und Ab beziehungsweise Strukturen, die an Muscheln erinnern – auch bei den folgenden Musterfamilien bestimmt das Aussehen die Zugehörigkeit zur jeweiligen Gruppe. Beide können sowohl filigran als auch kompakt wirken – es gibt Wellen mit oder ohne Transparenz, Muschelmuster sind mal blickdicht mal durchsichtig.

Die namensgebenden Strukturen bei den Muschelmustern können auf unterschiedliche Art und Weise entstehen. Meist sind es einfache Stäbchengruppen, die in eine einzige Einstichstelle der Vorreihe gearbeitet werden. Die Muscheln können aber auch durch feste Maschen, halbe Stäbchen oder Mehrfachstäbchen gebildet werden – solange sie unten zusammenlaufen, also in eine Einstichstelle gehäkelt werden. Eine weitere Möglichkeit Muscheln zu formen ist das gemeinsame Abmaschen mehrerer Stäbchen (oder anderer Maschenarten). Die Muschel ist also eine Maschengruppe, die entweder oben oder unten eng zusammenläuft, auf der anderen Seite aber jeweils weit aufgefächert ist. Der Name ist Tradition und die Abgrenzung z. B. zu den filigranen Fächermustern fließend – beide beruhen auf dem gleichen Musterelement, viele könnten beiden Musterfamilien zugerechnet werden.

Wellenmuster sind auch unter der Bezeichnung Zick-Zack-Muster bekannt – sie verlassen die Gerade und bilden Zacken oder Wellen. Daher ist auch die obere und untere Kante bei diesen Häkelstrukturen oft nicht geradlinig, sondern ebenfalls gewellt oder gezackt – je nachdem wie steil und eng das Auf und Ab erfolgt. Allerdings gibt es auch Wellenmuster, die regelmäßig versetzt gearbeitet werden, sodass sich die Wellen über mehrere Reihen oder Runden wieder ausgleichen – dann ist natürlich auch die Kante gerade. Oft wird die dynamische Bewegung innerhalb der Muster durch mehrfarbige Gestaltung betont. Im Prinzip entsteht sie durch abwechselnde Zu- und Abnahmen innerhalb der Reihe und Runde, die sich insgesamt ausgleichen, und die Reihe für Reihe bzw. Runde für Runde an der gleichen Stelle gearbeitet werden. Es können aber auch unterschiedlich hohe Maschenarten so kombiniert werden, dass sich das optische Auf und Ab ergibt. Klingt kompliziert, ist aber ganz einfach zu arbeiten und wirkt sehr dekorativ, was die Beliebtheit der Wellenmuster erklärt.

Kleine Häkelschule
Neun Stäbchen zusammen abmaschen

Das Muster, das wir Ihnen hier vorstellen, orientiert sich an der geschlossenen Muschel – Reihe für Reihe versetzt wird das muschelförmige Fächerelement abwechselnd durch Stäbchen in eine Einstichstelle und zusammen abgemaschte Stäbchen gebildet.

1. 1 Umschlag auf die Nadel legen und in die folgende Masche der Vorreihe einstechen

2. 1 Umschlag auf die Nadel legen, die Schlinge durchholen und auf der Nadel lassen

3. 1 Umschlag auf die Nadel legen und diesen durch die ersten 2 auf der Nadel liegenden Schlingen ziehen

4. Step 1–3 noch 8 x wiederholen, dabei stets in die folgende Masche der Vorreihe einstechen. Danach liegen 10 Schlingen auf der Nadel.

5. 1 Umschlag auf die Nadel legen und diesen durch alle 10 auf der Nadel liegenden Schlingen ziehen

Ganz gleich wie viele Maschen gemeinsam abgemascht werden, das Prinzip bleibt immer gleich und kommt auch bei vielen Wellenmustern für die Abnahmen innerhalb der Reihen/Runden zum Einsatz.

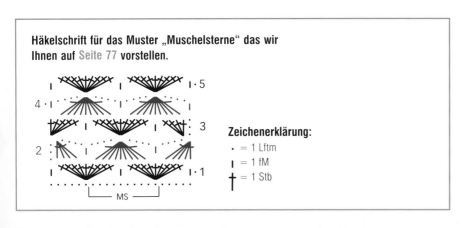

Häkelschrift für das Muster „Muschelsterne" das wir Ihnen auf Seite 77 vorstellen.

Zeichenerklärung:

· = 1 Lftm

I = 1 fM

† = 1 Stb

Muschelmuster

MUSCHELREIGEN

Lftm-Anschlag teilbar durch 10 + 1 Lftm.

1. Reihe: 1 Wende-Lftm und 1 fM in die 2. Lftm ab Nadel, *4 Lftm übergehen, in die folg Anschlag-Lftm 1 Muschel (= 5 DStb mit je 1 Lftm dazwischen in eine Einstichstelle), 4 Lftm übergehen, 1 fM in die folg Anschlag-Lftm, ab * stets wdh.

2. und 6. Reihe: 1 Wende-Lftm, 1 fM auf die 1. fM, *4 Lftm, 1 fM auf das mittlere DStb der folg Muschel, 4 Lftm, 1 fM auf die folg fM, ab * stets wdh.

3. Reihe: 4 Lftm (= 1. DStb), 1 Lftm, 1 DStb, 1 Lftm und 1 DStb in die 1. M, *1 fM auf die folg fM, 1 Muschel in die folg fM, ab * stets wdh, 1 fM auf die vorletzte fM, in die letzte fM 1 DStb, 1 Lftm, 1 DStb, 1 Lftm und 1 DStb.

4. Reihe: 1 Wende-Lftm, 1 fM auf das 1. DStb, *4 Lftm, 1 fM auf die folg fM, 4 Lftm, 1 fM auf das mittlere DStb der folg Muschel, ab * stets wdh, 4 Lftm, 1 fM auf die letzte fM, 4 Lftm, 1 fM in die Ersatz-Lftm.

5. Reihe: 1 Wende-Lftm, 1 fM in die 1. fM, *1 Muschel in die folg fM, 1 fM auf die folg fM, ab * stets wdh.

Die 1.–6. R 1 x arb, dann die 3.–6. R stets wdh.

Häkelschrift

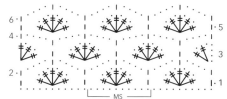

MUSCHELKOLONIEN

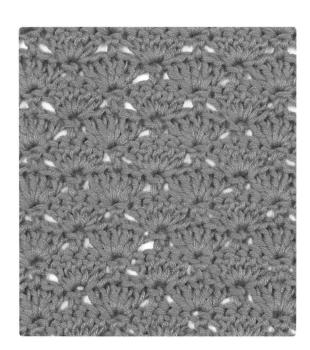

Lftm-Anschlag teilbar durch 6 + 4 Lftm.

1. Reihe: 3 Lftm (= 1. Stb) und 2 Stb in die 4. Lftm ab Nadel, 2 Lftm übergehen, 1 Stb in die folg Anschlag-Lftm, *2 Lftm übergehen, 5 Stb in die folg Anschlag-Lftm, 2 Lftm übergehen, 1 Stb in die folg Anschlag-Lftm, ab * stets wdh.

2. und 3. Reihe: 3 Lftm (= 1. Stb) und 2 Stb in das 1. Stb, *1 Stb auf das mittlere Stb der folg 5-Stb-Gruppe, 5 Stb auf das folg einzelne Stb, ab * stets wdh, enden mit 1 Stb in die oberste Ersatz-Lftm.

Die 1.–3. R 1 x arb, dann die 2. und 3. R stets wdh.

Häkelschrift

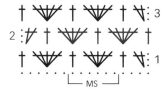

Zeichenerklärung für die Häkelmuster von dieser Doppelseite:

● = 1 Lftm   ▎ = 1 fM   † = 1 Stb   ‡ = 1 DStb   Laufen die Zeichen oben zus, werden die M zus abgemascht, laufen die Zeichen unten zus, werden die M in eine Einstichstelle gearbeitet.

MUSCHELDUETT

Lftm-Anschlag teilbar durch 6 + 1 Lftm.

1. Reihe – Fb A: 3 Lftm (= 1. Stb) und 2 Stb in die 4. Lftm ab Nadel, 2 Lftm übergehen, *1 fM in die folg Anschlag-Lftm, 2 Lftm übergehen, 5 Stb in die folg Anschlag-Lftm, 2 Lftm übergehen, ab * stets wdh, enden mit 1 fM in die folg Anschlag-Lftm, 2 Lftm übergehen, 3 Stb in die letzte Anschlag-Lftm.

2. Reihe – Fb B: 1 Lftm (= 1. fM), *5 Stb auf die folg fM, 1 fM auf das mittlere Stb der folg 5-Stb-Gruppe, ab * stets wdh, enden mit 5 Stb auf die letzte fM und 1 fM in die oberste Ersatz-Lftm.

3. Reihe – Fb A: 3 Lftm (= 1. Stb) und 2 Stb in die 1. fM, *1 fM auf das mittlere Stb der folg 5-Stb-Gruppe, 5 Stb auf die folg fM, ab * stets wdh, enden mit 1 fM auf das mittlere Stb der letzten 5-Stb-Gruppe und 3 Stb in die Ersatz-Lftm.

Die 1.–3. R 1 x arb, dann die 2. und 3. R stets wdh, dabei abwechselnd je 1 R in Fb A und B häkeln.

Häkelschrift

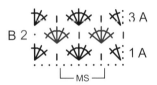

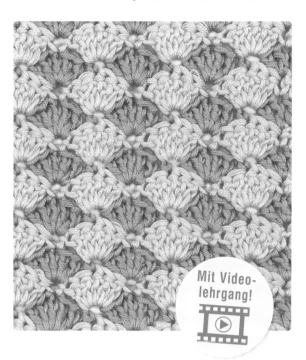

Mit Video-lehrgang!

MUSCHELKREISE

Lftm-Anschlag teilbar durch 8 + 1 Lftm.

1. Reihe: 1 Wende-Lftm und 1 fM in die 2. Lftm ab Nadel, *3 Lftm übergehen, 1 Muschel (= 7 Stb in eine Einstichstelle) in die folg Anschlag-Lftm, 3 Lftm übergehen, 1 fM in die folg Anschlag-Lftm, ab * stets wdh.

2. Reihe: 3 Lftm (= 1. Stb), 3 zus abgemaschte Stb auf die ersten 3 Stb der 1. Muschel, 3 Lftm, 1 fM auf das folg Stb, 3 Lftm, *7 zus abgemaschte Stb, dabei in die 3 Stb der letzten Muschel, in die folg fM und die ersten 3 Stb der folg Muschel einstechen, 3 Lftm, 1 fM auf das folg Stb, 3 Lftm, ab * stets wdh, enden mit 4 zus abgemaschten Stb in die letzten 4 M.

3. Reihe: 3 Lftm (= 1. Stb) und 3 Stb in die 1. M, 1 Lftm-Bogen übergehen, 1 fM auf die folg fM, 1 Lftm-Bogen übergehen, *1 Muschel in die folg M, 1 Lftm-Bogen übergehen, 1 fM auf die folg fM, 1 Lftm-Bogen übergehen, ab * stets wdh, enden mit 4 Stb in die letzte M.

4. Reihe: 1 Wende-Lftm, 1 fM auf das 1. Stb, 3 Lftm, 7 zus abgemaschte Stb, dabei in die folg 3 Stb, in die folg 1 fM und die ersten 3 Stb der folg Muschel einstechen, 3 Lftm, *1 fM auf das folg Stb, 3 Lftm, 7 zus abgemaschte Stb, dabei in die 3 Stb der letzten Muschel, in die folg fM und die ersten 3 Stb der folg Muschel einstechen, 3 Lftm, ab * stets wdh, enden mit 1 fM in die Ersatz-Lftm.

5. Reihe: 1 Wende-Lftm und 1 fM auf die 1. fM, *1 Lftm-Bogen übergehen, 1 Muschel in die folg M, 1 Lftm-Bogen übergehen, 1 fM auf die folg fM, ab * stets wdh.

Die 1.–5. R 1 x arb, dann die 2.–5. R stets wdh.

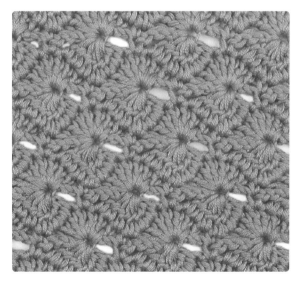

Häkelschrift

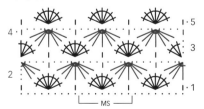

VIDEO-LEHRGÄNGE
zu allen Mustern der
Doppelseite im Internet
auf YouTube:
http://bit.do/Haekelmuster

Claireline Chevaux

Top und Hut Naomi

Der Hut steht ihr gut! Und auch das kesse Top mit Ringeln im Muschelmuster und filigraner Passe verbreitet sommerliche Ausgelassenheit.

GRÖSSE
34–36/40–42

GRÖSSE HUT
Einheitsgröße

GARN
Lang Yarns Baby Cotton (100 % Baumwolle, LL 180 m/50 g)
Für das Top
150/200 g Grün (Fb 112.0017)
je 50/100 g Gelb (Fb 112.0014), Orange
(Fb 112.0075) und Pink (Fb 112.0128)

ABKÜRZUNGEN SEITE 126

Für den Hut
je 50 g oder ein Rest Grün (Fb 112.0017), Gelb (Fb 112.0014), Orange (Fb 112.0075) und Pink (Fb 112.0128)

NADELN
Häkelnadel 3 mm

MASCHENPROBE
24 Anschlag-M und 12 R im Muschelmuster = 10 x 10 cm
24 Anschlag-M und 7 R im Ajourmuster = 10 x 10 cm
2 Rd Saumbordüre = 2 cm
13 Rd Hutmuster = 10 cm

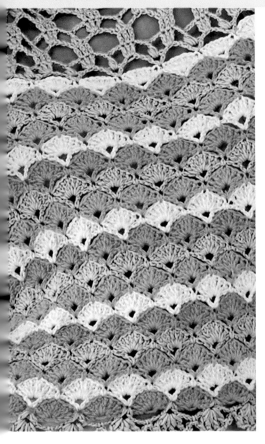

TOP MIT HUT
HÄKELMUSTER
Muschelmuster
M-Anschlag teilbar durch 8 + 1 Lftm. Nach Häkelschrift 1/Teil A häkeln. Jede R mit 1 bzw. 3 Lftm als Ersatz für die 1. fM bzw. das 1. Stb und den M vor dem MS beginnen, den MS stets wdh, enden mit dem M nach dem MS. Die 1.–5. R 1 x arb, dann die 2.–5. R stets wdh, dabei die Stb stets um die Lftm-Bögen der Vor-R arb. Anfangs- und End-M sind jeweils als 1 MS berechnet.

Streifenfolge A
1 R in Pink, dann *je 2 R in Gelb, Orange, Grün und Pink, ab * stets wdh.

Streifenfolge B
1 R in Orange, dann *je 2 R in Grün, Pink, Gelb und Orange, ab * stets wdh.

Ajourmuster
Nach Häkelschrift 1/Teil B direkt auf das Muschelmuster häkeln. Jede R mit 1 bzw. 3 Lftm als Ersatz für die 1. fM bzw. das 1. Stb und den M vor dem MS beginnen, den MS (über der Häkelschrift eingezeichnet) stets wdh, enden mit dem M nach dem

MS. Die 36.–41./40.–45. R 1 x arb, dann die 38.–41./42.–45. R stets wdh, dabei die Stb stets in die Lftm der Vor-R arb.

Saumbordüre
Nach Häkelschrift 1/Teil C in Rd direkt auf die Anschlagkante des Muschelmusters häkeln, dazu die Häkelschrift um 180° drehen. An einer Seitennaht anschlingen, siehe Pfeil A. Jede Rd mit 3 Lftm als Ersatz für das 1. Stb und den M vor dem MS beginnen, den MS stets wdh, enden mit dem M nach dem MS und 1 Kett-M in die oberste Ersatz-Lftm. Es gilt der MS wie beim Muschelmuster. Die 1. und 2. Rd 1 x arb, dabei in der 2. Rd die Stb und fM um die Lftm-Bögen der Vor-Rd arb.

Herrlich frische Farben und eine
beschwingte Musterkombination –
hier stehen alle Zeichen auf
Sommer, Sonne, gute Laune!

Zeichenerklärung

- • = 1 Lftm
- ⌢ = 1 Kett-M
- | = 1 fM

- † = 1 Stb
- ┬ = 1 hStb
- o = 1 Picot: 3 Lftm, 1 fM zurück in die 1. Lftm

↓ = 1 tiefergestochene fM in die vorletzte R/Rd, dabei die Lftm der Vor-R/Rd mit umfassen

Laufen die Zeichen oben zus, werden die M zus abgemascht, laufen die Zeichen unten zus, werden die M in eine Einstichstelle gearbeitet.

Häkelschrift Top

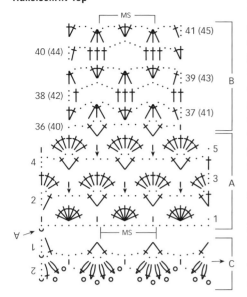

Häkelschrift Hut

Hutmuster

Nach der Häkelschrift 2 in Rd häkeln. Die ersten 8 Rd sind komplett gezeichnet, die restlichen Rd mustergemäß ergänzen. Jede Rd mit der gezeichneten Anzahl Lftm als Ersatz für die 1. M bzw. 1 zusätzlichen Lftm vor der 1. fM beginnen und mit 1 Kett-M in die oberste Ersatz-Lftm bzw. 1. fM beenden. Falls nötig mit Kett-M zum Beginn der nächsten Rd vorgehen. Innerhalb der Streifenfolge vor einem Farbwechsel die letzte Kett-M bereits in der Folgefarbe arb. Die 1.–16. Rd 1 x arb, dann die 13.–16. Rd noch 2 x wdh und mit der 25.–30. Rd enden.

Streifenfolge C

*Je 2 Rd in Gelb, Pink, Grün und Orange, ab * noch 1 x wdh = 16 Rd, dann je 2 Rd in Gelb und Pink sowie 10 Rd in Grün = 30 Rd.

TOP
RÜCKENTEIL

105/121 Lftm + 1 Wende-Lftm (= 1. fM) in Pink/Orange anschlagen und im Muschelmuster gemäß Streifenfolge A/B häkeln, das ergibt 13/15 MS in der Breite.

Armausschnitte

In 26 cm = 31 R/29 cm = 35 R Gesamthöhe beidseitig 1/2 MS abnehmen, dazu am R-Anfang die ersten 4 M mit Kett-M übergehen und am

R-Ende die letzten 4 M unbehäkelt stehen lassen. Danach beidseitig 2 x in jeder R je 1 MS abnehmen = 7/9 MS + beidseitig 1/2 MS.

Schulterpasse

Nach 29 cm = 35 R/32,5 cm = 39 R Gesamthöhe in Grün im Ajourmuster weiterhäkeln = 7/9 MS + Anfangs- und End-M.

Halsausschnitt

In 13 cm = 9 R/16 cm = 11 R Passenhöhe die mittleren 5 MS/5 MS + beidseitig 1/2 MS unbehäkelt stehen lassen und beide Seiten getrennt beenden. In 14 cm = 10 R/17 cm = 12 R Passenhöhe über dem restlichen 1 MS/1 ½ MS + Anfangs- und End-M für die Schulter enden.

VORDERTEIL

Ebenso arb, jedoch mit tieferem Halsausschnitt. Dafür in 8,5 cm = 6 R/11,5 cm = 8 R Passenhöhe die mittleren 3 MS/3 MS + beidseitig 1/2 MS unbehäkelt stehen lassen und beide Seiten getrennt beenden. Für die Rundung am inneren Rand in den folg 5,5 cm = 4 R gleichmäßig verteilt noch 1 MS abnehmen.

FERTIGSTELLUNG

Schulter- und Seitennähte schließen.
Den Halsausschnittrand und die Armausschnittkanten in Grün jeweils mit 1 Rd fM und 1 Rd Stb behäkeln.
Die Unterkante von Vorder- und Rückenteil in einem Arbeitsgang in Grün mit der Saumbordüre behäkeln.

HUT

8 Lftm in Gelb anschlagen und mit 1 Kett-M zur Rd schließen. Im Hutmuster gemäß der Streifenfolge C häkeln, dabei wie gezeichnet zunehmen. In 10 cm = 13 Rd Gesamthöhe ist die Hutmitte beendet. In der 14.–24. Rd keine weiteren Zunahmen ausführen. Ab der 25. Rd für die Hutkrempe wieder wie eingezeichnet zunehmen. Nach 23 cm = 30 Rd Gesamthöhe enden.

JAKOBSMUSCHELN

Lftm-Anschlag teilbar durch 10 + 1 Lftm. Gemäß Häkelschrift in R häkeln. Jede R mit 1 zusätzlichen Wende-Lftm bzw. 4 Lftm als Ersatz für das 1. DStb und den M vor dem MS beginnen, den MS stets wdh, enden mit den M nach dem MS. Die 1.–7. R 1 x arb, dann die 2.–7. R stets wdh.

Häkelschrift

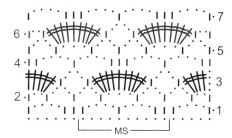

HERZMUSCHELN

Lftm-Anschlag teilbar durch 8 + 1 Lftm. Gemäß Häkelschrift in R häkeln. Jede R mit 1 zusätzlichen Wende-Lftm bzw. 3 Lftm als Ersatz für das 1. Stb und den M vor dem MS beginnen, den MS stets wdh, enden mit den M nach dem MS. Die 1.–5. R 1 x arb, dann die 2.–5. R stets wdh.

Häkelschrift

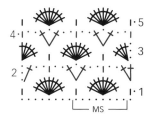

MUSCHELFÄCHER

Lftm-Anschlag teilbar durch 12 + 1 Lftm. Gemäß Häkelschrift in R häkeln. Jede R mit 1 zusätzlichen Wende-Lftm bzw. 3 Lftm als Ersatz für das 1. Stb und den M vor dem MS beginnen, den MS stets wdh, enden mit den M nach dem MS. Die 1.–6. R 1 x arb, dann die 3.–6. R stets wdh.

Häkelschrift

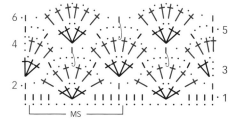

Zeichenerklärung für die Häkelmuster von dieser Doppelseite:

• = 1 Lftm   ı = 1 fM   † = 1 Stb   ‡ = 1 DStb   ⌇ = 1 fM, dabei die 2 darunterliegenden Lftm-Bögen erfassen

Laufen die Zeichen oben zus, werden die M zus abgemascht, laufen die Zeichen unten zus, werden die M in eine Einstichstelle gearbeitet.

MUSCHELSTERNE

Lftm-Anschlag teilbar durch 10 + 1 Lftm. Gemäß Häkelschrift in R häkeln. Jede R mit 1 zusätzlichen Wende-Lftm bzw. 3 Lftm als Ersatz für das 1. Stb und den M vor dem MS beginnen, den MS stets wdh, enden mit den M nach dem MS. Die 1.–5. R 1 x arb, dann die 2.–5. R stets wdh.

Häkelschrift

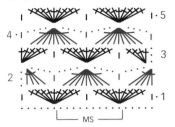

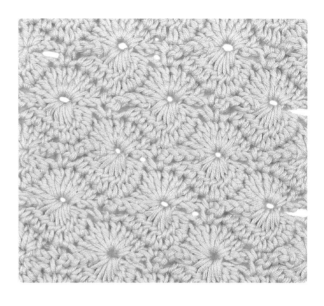

MUSCHELBÄNKE

Lftm-Anschlag teilbar durch 6 + 4 Lftm. Gemäß Häkelschrift in R häkeln. Jede R mit 3 zusätzlichen Wende-Lftm und den M vor dem MS beginnen, den MS stets wdh, enden mit den M nach dem MS. Die 1.–3. R 1 x arb, dann die 2. und 3. R stets wdh, dabei abwechselnd je 2 R in Fb A und B häkeln.

Häkelschrift

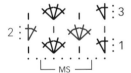

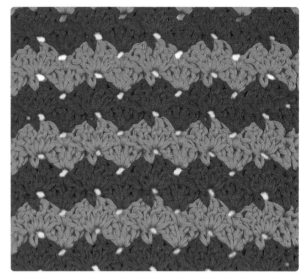

MUSCHELGITTER

Lftm-Anschlag teilbar durch 8 + 1 Lftm. Gemäß Häkelschrift in R häkeln. Jede R mit 1 bzw. 3 Lftm als Ersatz für die 1. fM bzw. das 1. Stb und den M vor dem MS beginnen, den MS stets wdh, enden mit den M nach dem MS. Die 1.–5. R 1 x arb, dann die 2.–5. R stets wdh.

Häkelschrift

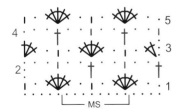

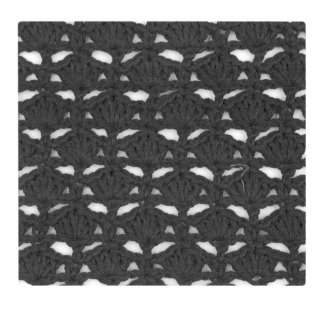

VIDEO-LEHRGÄNGE
zu allen Mustern der
Doppelseite im Internet
auf YouTube:
http://bit.do/Haekelmuster

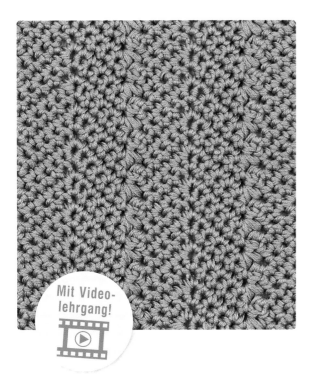

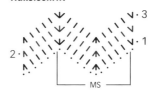

WELLEN-ZICK-ZACK

Lftm-Anschlag teilbar durch 12 + 7 Lftm.

1. Reihe: 1 Wende-Lftm und 2 fM in die 2. Lftm ab Nadel, *je 1 fM in die folg 4 Lftm, 3 zus abgemaschte fM in die folg 3 Lftm, je 1 fM in die folg 4 Lftm, 3 fM in die folg Lftm, ab * stets wdh, enden mit je 1 fM in die folg 4 Lftm, 2 zus abgemaschte fM in die letzten 2 Lftm.

2. Reihe: 1 Wende-Lftm, 2 zus abgemaschte fM in die 1. und 2. M der Vor-R, 4 fM, *3 fM in die folg fM, 4 fM, 3 fM zus abmaschen, 4 fM, ab * stets wdh, enden mit 2 fM in die letzte fM.

3. Reihe: 1 Wende-Lftm und 2 fM in die 1. fM, *4 fM, 3 fM zus abmaschen, 4 fM, 3 fM in die folg fM, ab * stets wdh, enden mit 4 fM, 2 fM zus abmaschen.

Die 1.–3. R 1 x arb, dann die 2. und 3. R stets wdh.

Häkelschrift

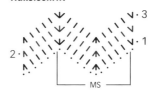

······································

FLACHE WELLEN

Lftm-Anschlag teilbar durch 16 + 1 Lftm.

1. Reihe: 1 Lftm (= 1. fM), je 1 fM in die 3. Lftm ab Nadel und jede folg Anschlag-Lftm.

2. und 5. Reihe: 3 Lftm (= 1. Stb), 2 zus abgemaschte Stb, dabei in die 2. und 3. fM der Vor-R einstechen, 1 Lftm, 1 M übergehen, 2 x [1 Stb, 1 Lftm, 1 M übergehen], 5 Stb in die folg M, *1 Lftm, 1 M übergehen, 2 x [1 Stb, 1 Lftm, 1 M übergehen], 5 zus abgemaschte Stb, 1 Lftm, 1 M übergehen, 2 x [1 Stb, 1 Lftm, 1 M übergehen], 5 Stb in die folg M, ab * stets wdh, enden mit 1 Lftm, 1 M übergehen, 2 x [1 Stb, 1 Lftm, 1 M übergehen], 3 zus abgemaschten Stb.

3. und 6. Reihe: 1 Lftm (= 1. fM), 1 fM in jede Lftm und M der Vor-R.

4. und 7. Reihe: 1 Lftm (= 1. fM), 1 fM auf jede fM der Vor-R.

Die 1.–7. R 1 x arb, dann die 2.–7. R stets wdh, dabei nacheinander je 1 R in Fb A, B, A und C häkeln, dann diese Farbfolge stets wdh.

Häkelschrift

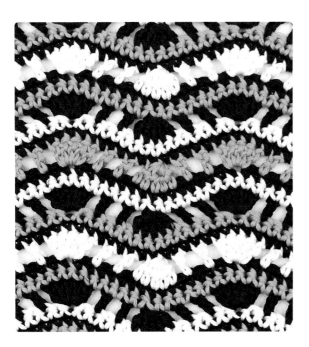

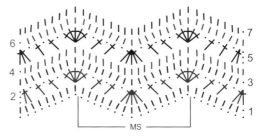

Zeichenerklärung für die Häkelmuster von dieser Doppelseite:

• = 1 Lftm   I = 1 fM   T = 1 hStb   † = 1 Stb   ‡ = 1 DStb   Laufen die Zeichen oben zus, werden die M zus abgemascht, laufen die Zeichen unten zus, werden die M in eine Einstichstelle gearbeitet.

WELLENSTREIFEN

Lftm-Anschlag teilbar durch 16 + 1 Lftm.

1. Reihe: 3 Lftm (= 1. Stb), 1 Stb in die 4. Lftm ab Nadel und je 1 Stb die folg 4 Lftm, 3 Lftm, 3 Anschlag-M übergehen, *1 fM, 3 Lftm, 3 Anschlag-M übergehen, je 1 Stb in die folg 4 M, in die folg Anschlag-M 1 Stb, 1 Lftm und 1 Stb, je 1 Stb in die folg 4 M, 3 Lftm, 3 Anschlag-M übergehen, ab * stets wdh, enden mit 1 fM, 3 Lftm, 3 Anschlag-M übergehen, je 1 Stb in die folg 4 M, 2 Stb in die letzte Anschlag-M.

2. Reihe: 3 Lftm (= 1. Stb) und 1 Stb auf das 1. Stb, je 1 Stb auf die folg 4 Stb, 2 Lftm, in die folg fM der Vor-R 1 DStb, 1 Lftm und 1 DStb, *2 Lftm, den folg 3-Lftm-Bogen und 1 Stb übergehen, je 1 Stb auf die folg 4 Stb, in den folg 1-Lftm-Bogen 1 Stb, 1 Lftm und 1 Stb, je 1 Stb auf die folg 4 Stb, 2 Lftm, in die folg fM der Vor-R 1 DStb, 1 Lftm und 1 DStb, ab * stets wdh, enden mit 2 Lftm, den folg 3-Lftm-Bogen und 1 Stb übergehen, je 1 Stb auf die folg Stb, 2 Stb in die oberste Ersatz-Lftm.

3. Reihe: 3 Lftm (= 1. Stb) und 1 Stb in das 1. Stb, je 1 Stb auf die folg 4 Stb, 3 Lftm, *1 fM in den folg 1-Lftm-Bogen, 3 Lftm, den folg 2-Lftm-Bogen und 1 Stb übergehen, je 1 Stb auf die folg 4 Stb, in den folg 1-Lftm-Bogen 1 Stb, 1 Lftm und 1 Stb, je 1 Stb auf die folg 4 Stb, 3 Lftm, ab * stets wdh, enden mit 1 fM in den folg 1-Lftm-Bogen, 3 Lftm, den folg 2-Lftm-Bogen und 1 Stb übergehen, je 1 Stb auf die folg 4 Stb, 2 Stb in die oberste Ersatz-Lftm.

Die 1.–3. R 1 x arb, dann die 2. und 3. R stets wdh.

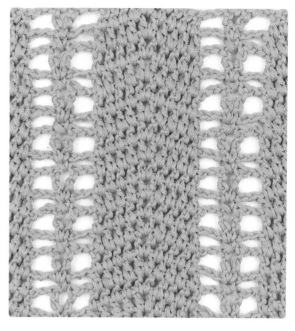

Häkelschrift

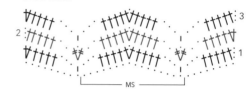

WELLENLINIEN

Lftm-Anschlag teilbar durch 16 + 1 Lftm.

1. Reihe – Fb A: 1 Lftm (= 1. fM), je 1 fM in die 3. Lftm ab Nadel und jede folg Anschlag-Lftm.

2. Reihe – Fb A: 1 Lftm (= 1. fM), 1 fM auf jede fM der Vor-R.

3. und 4. Reihe – Fb B: 1 Lftm (= 1. fM), 1 fM, *2 hStb, 3 Stb, 3 DStb, 3 Stb, 2 hStb, 3 fM, ab * stets wdh, enden mit 2 hStb, 3 Stb, 3 DStb, 3 Stb, 2 hStb, fM.

5. und 6. Reihe – Fb A: 1 Lftm (= 1. fM), 1 fM auf jede M der Vor-R.

7. und 8. Reihe – Fb B: 4 Lftm (= 1. DStb), 1 DStb, 3 Stb, 2 hStb, 3 fM, *2 hStb, 3 Stb, 3 DStb, 3 Stb, 2 hStb, 3 fM, ab * stets wdh, enden mit 2 hStb, 3 Stb, 2 DStb.

9. und 10. Reihe – Fb A: 1 Lftm (= 1. fM), 1 fM auf jede M der Vor-R.

Die 1.–10. R 1 x arb, dann die 3.–10. R stets wdh, dabei abwechselnd je 2 R in Fb A und B häkeln.

Häkelschrift

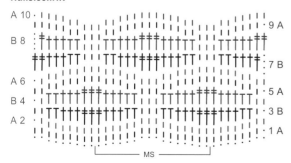

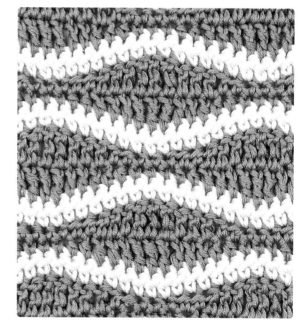

WELLENMEER

Lftm-Anschlag teilbar durch 12 + 1 Lftm. Gemäß Häkelschrift in R häkeln. Jede R mit 4 bzw. 3 Lftm als Ersatz für das 1. DStb bzw. das 1. Stb und den M vor dem MS beginnen, den MS stets wdh, enden mit den M nach dem MS. Die 1.–3. R 1 x arb, dann die 2. und 3. R stets wdh.

Häkelschrift

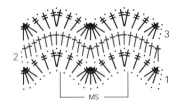

WOGENMUSTER

Lftm-Anschlag teilbar durch 6 + 1 Lftm. Gemäß Häkelschrift in R häkeln. Jede R mit 1 zusätzlichen Wende-Lftm bzw. 4 Lftm als Ersatz für das 1. DStb und den M vor dem MS beginnen, den MS stets wdh, enden mit den M nach dem MS. Die 1.–3. R 1 x arb, dann die 2. und 3. R stets wdh, dabei abwechselnd je 1 R in Fb A und B häkeln.

Häkelschrift

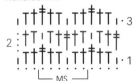

DOPPELWELLEN

Lftm-Anschlag teilbar durch 16 + 1 Lftm. Gemäß Häkelschrift in R häkeln. Jede R mit 1 zusätzlichen Wende-Lftm bzw. 3 Lftm als Ersatz für das 1. Stb und den M vor dem MS beginnen, den MS stets wdh, enden mit den M nach dem MS. Die 1.–5. R 1 x arb, dann die 2.–5. R stets wdh.

Häkelschrift

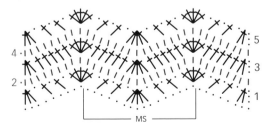

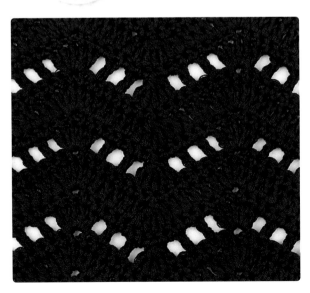

Zeichenerklärung für die Häkelmuster von dieser Doppelseite:

● = 1 Lftm | = 1 fM   T = 1 hStb   † = 1 Stb   ‡ = 1 DStb   Laufen die Zeichen oben zus, werden die M zus abgemascht, laufen die Zeichen unten zus, werden die M in eine Einstichstelle gearbeitet.

WELLENDUETT

Lftm-Anschlag teilbar durch 16 + 1 Lftm. Gemäß Häkelschrift in R häkeln. Jede R mit 1 bzw. 3 Lftm als Ersatz für die 1. fM bzw. das 1. Stb und den M vor dem MS beginnen, den MS stets wdh, enden mit den M nach dem MS. Die 1.–6. R 1 x arb, dann die 3.–6. R stets wdh, dabei abwechselnd je 2 R in Fb A und B häkeln.

Häkelschrift

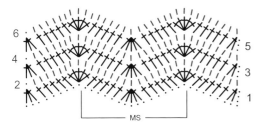

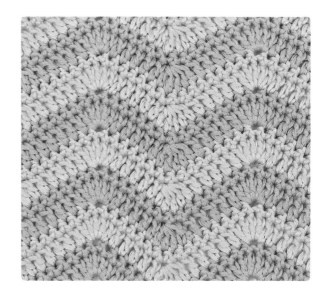

ZACKENWELLEN

Lftm-Anschlag teilbar durch 10 + 1 Lftm. Gemäß Häkelschrift in R häkeln. Jede R mit 3 Lftm als Ersatz für das 1. Stb und den M vor dem MS beginnen, den MS stets wdh, enden mit den M nach dem MS. Die 1.–4. R 1 x arb, dann die 3. und 4. R stets wdh.

Häkelschrift

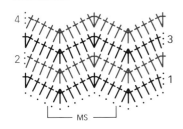

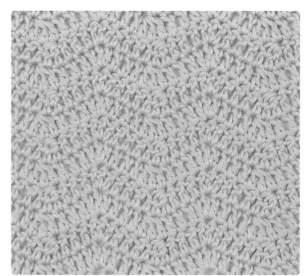

BRANDUNGSWELLEN

Lftm-Anschlag teilbar durch 20 + 19 Lftm. Gemäß Häkelschrift in R häkeln. Jede R mit 4 Lftm als Ersatz für das 1. DStb und den M vor dem MS beginnen, den MS stets wdh, enden mit den M nach dem MS. Die 1.-3. R 1 x arb, dann die 2. und 3. R stets wdh. Nacheinander je 1 R in Fb A, B, C und D häkeln, dann diese Farbfolge stets wdh.

Häkelschrift

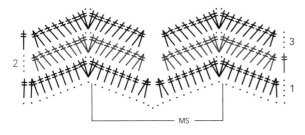

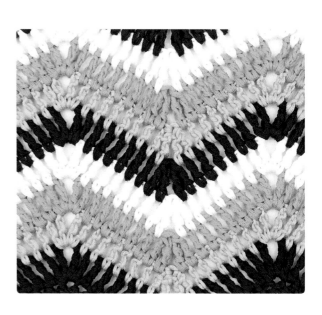

VIDEO-LEHRGÄNGE
zu allen Mustern der
Doppelseite im Internet
auf YouTube:
http://bit.do/Haekelmuster

Wellenmuster

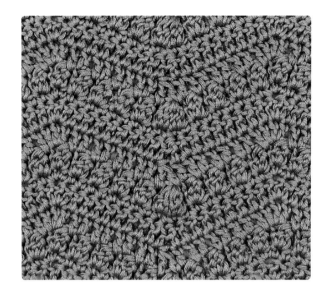

BÜSCHELWELLEN

Lftm-Anschlag teilbar durch 22 + 1 Lftm. Gemäß Häkelschrift in R häkeln. Jede R mit 1 zusätzlichen Wende-Lftm bzw. 3 oder 2 Lftm als Ersatz für das 1. Stb oder halb abgemaschte Stb und den M vor dem MS beginnen, den MS stets wdh, enden mit den M nach dem MS. Die 1.–5. R 1 x arb, dann die 2.–5. R stets wdh. Das Muster beginnt mit einer Rück-R.

Häkelschrift

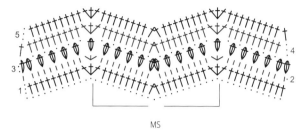

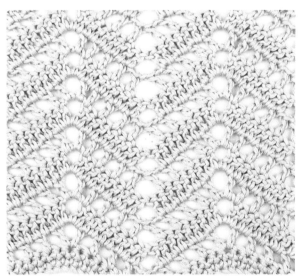

LUFTIGE WELLEN

Lftm-Anschlag teilbar durch 20 + 1 Lftm. Gemäß Häkelschrift in R häkeln. Jede R mit 3 Lftm als Ersatz für das 1. Stb und den M vor dem MS beginnen, den MS stets wdh, enden mit den M nach dem MS. Die 1.–4. R 1 x arb, dann die 3. und 4. R stets wdh.

Häkelschrift

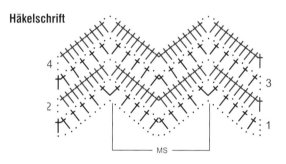

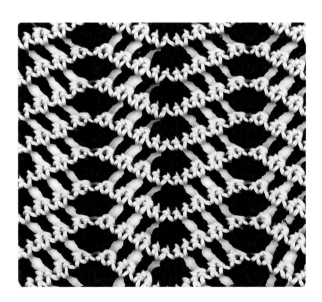

KABBELWELLEN

Lftm-Anschlag teilbar durch 16 + 1 Lftm. Gemäß Häkelschrift in R häkeln. Jede R mit 3 Lftm als Ersatz für das 1. Stb bzw. 1 zusätzlichen Wende-Lftm und den M vor dem MS beginnen, den MS stets wdh, enden mit den M nach dem MS. Die 1.–4. R 1 x arb, dann die 3. und 4. R stets wdh, dabei abwechselnd je 1 R in Fb A und B häkeln.

Häkelschrift

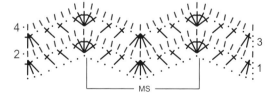

Zeichenerklärung für die Häkelmuster von dieser Doppelseite:

• = 1 Lftm | = 1 fM   ⊤ = 1 hStb   † = 1 Stb   ‡ = 1 DStb   = 1 dreifach Stb

= 3 zus abgemaschte Stb in eine Einstichstelle

Laufen die Zeichen oben zus, werden die M zus abgemascht, laufen die Zeichen unten zus, werden die M in eine Einstichstelle gearbeitet.

SEEGANG

Lftm-Anschlag teilbar durch 8 + 1 Lftm. Gemäß Häkelschrift in R häkeln. Jede R mit 1 bzw. 3 oder 4 Lftm als Ersatz für die 1. fM bzw. das 1. Stb oder DStb und den M vor dem MS beginnen, den MS stets wdh, enden mit den M nach dem MS. Die 1.–7. R 1 x arb, dann die 2.–7. R stets wdh.

Häkelschrift

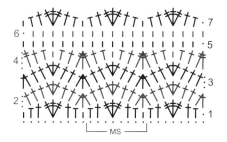

WELLENSPIEL

Lftm-Anschlag teilbar durch 8 + 1 Lftm. Gemäß Häkelschrift in R häkeln. Jede R mit 1 bzw. 5 Lftm als Ersatz für die 1. fM bzw. das 1. dreifach Stb und den M vor dem MS beginnen, den MS stets wdh, enden mit den M nach dem MS. Die 1.-8. R 1 x arb, dann die 5.-8. R stets wdh. Nacheinander je 2 R in Fb A, B, C und D häkeln, dann diese Farbfolge stets wdh.

Häkelschrift

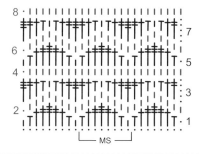

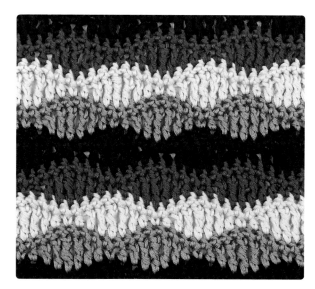

WELLENBLÜTEN

Lftm-Anschlag teilbar durch 14 + 2 Lftm. Gemäß Häkelschrift in R häkeln. Jede R mit 3 Lftm als Ersatz für das 1. Stb und den M vor dem MS beginnen, den MS stets wdh, enden mit den M nach dem MS. Die 1.–5. R 1 x arb, dann die 2.–5. R stets wdh. Mit 1 R in Fb A beginnen, dann abwechselnd je 2 R in Fb B und A häkeln.

Häkelschrift

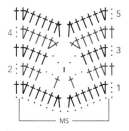

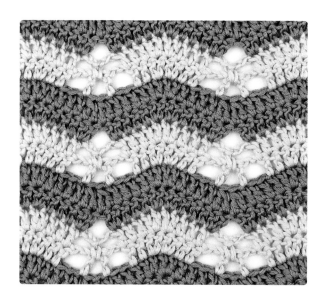

Spezielle Maschentypen

Neben den Grundmaschenarten gibt es eine ganze Reihe von Sondermaschen, die ein wenig anders gearbeitet werden und eine besondere Optik mitbringen. Allen gemeinsam ist eine mehr oder weniger ausgeprägte plastische Struktur: Sie treten leicht erhaben aus dem Maschenbild hervor und geben dem Muster einen dreidimensionalen Effekt.

Der Begriff Büschelmaschen wird für eine Maschengruppe verwendet, die in eine Einstichstelle gearbeitet und zusammen abgemascht wird. Wie das passiert, dafür gibt es verschiedene Methoden, die wir Ihnen im Musterteil vorstellen. Dieser Maschentyp wird oft auch Noppen oder Muschen genannt und bildet ein kleines erhabenes Knubbelchen im Maschenbild. Sonderformen sind die Büschelmasche mit langgezogenen Schlaufen sowie die Popcornmasche, die wir Ihnen in den Lehrgängen auf Seite 86/87 erklären.

Bei den verkreuzten Maschen wird die Reihenfolge der Maschen verändert, im Ergebnis liegen sie dann gekreuzt übereinander und bilden dadurch ebenfalls ein plastisches Musterelement. Tiefergestochene Maschen verlassen die lineare Reihen- oder Rundenordnung und werden wie der Name verrät in eine oder mehrere Reihen/Runden tiefer liegende Maschen eingestochen. Dadurch entsteht nicht nur eine plastische Struktur; bei mehrfarbigen Mustern können so auch reihenübergreifende Farbeffekte erzielt werden, auch wenn jeweils nur mit einer Farbe pro Reihe/Runde gehäkelt wird. Reliefmaschen zeichnen sich ebenfalls durch eine andere Einstichstelle aus: Sie schlingen sich um eine Masche der Vorrunde herum. Und nicht nur das – die tiefergestochenen Reliefmaschen greifen sogar um mehrere Reihen oder Runden nach unten zu.

STERNBLÜTEN

Lftm-Anschlag teilbar durch 11 + 2 Lftm.

1. Reihe – Fb A: 1 Wende-Lftm, 1 fM in die 2. Lftm ab Nadel, 1 Lftm, 1 M übergehen, 1 fM, 3 Lftm, 3 M übergehen, *1 fM, 3 Lftm, 3 M übergehen, 1 fM, 2 Lftm, 2 M übergehen, 1 fM, 3 Lftm, 3 M übergehen, ab * stets wdh, enden mit 1 fM, 3 Lftm, 3 M übergehen, 1 fM, 1 Lftm, 1 M übergehen, 1 fM.

2. Reihe – Fb A: 3 Lftm (= 1. Stb), 1 Lftm, 1 Stb, 2 Lftm und 1 Stb in den ersten 1-Lftm-Bogen, 1 Lftm, den folg 3-Lftm-Bogen übergehen, 1 fM auf die folg fM, *1 Lftm, in den folg 2-Lftm-Bogen 4 Stb mit je 2 Lftm dazwischen, 1 Lftm, den folg 3-Lftm-Bogen übergehen, 1 fM auf die folg fM, ab * stets wdh, enden mit 1 Lftm, in den letzten 1-Lftm-Bogen 1 Stb, 2 Lftm, 1 Stb, 1 Lftm, in die letzte fM 1 Stb.

3. Reihe – Fb B: Neue Fb mit 1 Kett-M anschlingen, 1 Wende-Lftm, 1 fM auf das 1. Stb, *3 Lftm, je 1 BM (= 2 x [1 Umschlag auf die Nadel nehmen, in das Stb einstechen, 1 Schlinge durchholen und langziehen], dann 1 x 4 und 1 x 2 Schlingen abmaschen) auf die folg 4 Stb der Vor-R, 3 Lftm, 1 fM in den folg 2-Lftm-Bogen, ab * stets wdh, dabei die letzte fM in die oberste Ersatz-Lftm arb.

4. Reihe – Fb B: 1 Wende-Lftm, 1 fM auf die 1. fM, 3 Lftm, 1 fM auf die 1. BM, 2 Lftm, 2 BM übergehen, 1 fM auf die folg BM, 3 Lftm, *1 Kett-M in die folg fM, 3 Lftm, 1 fM auf die folg BM, 2 Lftm, 2 BM übergehen, 1 fM auf die folg BM, 3 Lftm, ab * stets wdh, enden mit 1 fM auf die letzte fM.

5. Reihe – Fb B: 1 Wende-Lftm, 1 fM auf die 1. fM, *in den folg 2-Lftm-Bogen 4 BM mit je 2 Lftm dazwischen, 1 fM auf die Kett-M der Vor-R, ab * stets wdh, dabei die letzte fM in die letzte fM der Vor-R arb.

6. Reihe – Fb A: Neue Fb mit 1 Kett-M anschlingen, 3 Lftm (= 1. Stb), je 1 Stb auf die folg 2 BM, 1 hStb zurück in die oberste Ersatz-Lftm, 3 Lftm, 1 fM in den

folg 2-Lftm-Bogen, *3 Lftm, je 1 Stb in die folg 4 BM, 1 Stb zurück in das 1. Stb, 3 Lftm, 1 fM in den folg 2-Lftm-Bogen, ab * stets wdh, 3 Lftm, je 1 Stb in die letzten 2 BM und 1 Stb in die letzte fM, 1 hStb zurück in das 1. Stb.

7. Reihe – Fb A: 3 Lftm (= 1. Stb), 1 Lftm, 1 Stb, 2 Lftm und 1 Stb um das zurückgestochene hStb, 1 Lftm, 1 fM auf die folg fM, *1 Lftm, um das folg zurückgestochene Stb 4 Stb mit je 2 Lftm dazwischen, 1 Lftm, 1 fM auf die folg fM, ab * stets wdh, 1 Lftm, um das letzte zurückgestochene hStb 1 Stb, 2 Lftm, 1 Stb, 1 Lftm und 1 Stb.

8., 9. und 10. Reihe – Fb C: Die 3.-5. R wdh.

11. und 12. Reihe – Fb A: Die 6. und 7. R wdh.

Die 1.–12. R 1 x arb, dann die 3.–12. R stets wdh. Mit 2 R in Fb A beginnen, dann nacheinander 3 R in Fb B, 2 R in Fb A, 3 R in Fb C und 2 R in Fb A häkeln, danach diese Farbfolge stets wdh.

Häkelschrift

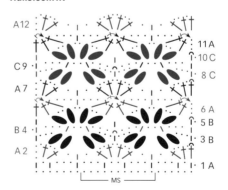

Zeichenerklärung für die Häkelmuster von dieser Doppelseite:

- ● = 1 Lftm
- | = 1 fM
- † = 1 Stb
- ↶ bzw. ↷ = 1 hStb bzw. 1 Stb in Pfeilrichtung einstechen
- ◗ = 1 Büschel-M (BM): *1 Umschlag auf die Nadel nehmen, einstechen und 1 Schlinge durchholen und langziehen, ab * 1 x wdh, dann 1 x 4 und 1 x 2 Schlingen zus abmaschen

Laufen die Zeichen unten zus, werden die M in eine Einstichstelle gearbeitet.

Die folgenden Lehrgänge zeigen, wie Büschel- und Popcornmaschen, Verkreuzungen und Reliefstäbchen gehäkelt werden.

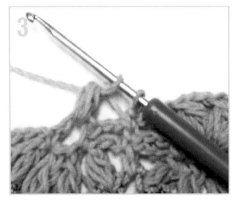

◀ BÜSCHELMASCHE

Büschel können einfach durch mehrere zusammen abgemaschte Maschen in eine Einstichstelle gebildet werden. Eine Sonderform der Büschelmasche stellen wir Ihnen im Folgenden vor:

1. Einen Umschlag auf die Nadel legen, einstechen, eine Schlinge durchholen und etwas lang ziehen.
2. Einen Umschlag auf die Nadel legen, einstechen, eine Schlinge durchholen und etwas lang ziehen.
3. Einen Umschlag auf die Nadel legen und die ersten vier auf der Nadel liegenden Schlingen zusammen abmaschen.
4. Einen Umschlag auf die Nadel legen und die letzten zwei auf der Nadel liegenden Schlingen zusammen abmaschen – eine Büschelmasche ist fertig.

▶ KREUZSTÄBCHEN

Welche Maschenarten über wie viele Maschen der Vorreihe miteinander verkreuzt werden, variiert von Muster zu Muster. Hier sind es zwei Stäbchen über vier Maschen der Vorreihe.

1. Für das 1. Stäbchen einen Umschlag auf die Nadel legen und in die 4. Einstichstelle von der Nadel aus einstechen.
2. Schlinge durchholen und das Stäbchen fertigstellen.
3. Zwei Luftmaschen häkeln.
4. Für das zweite Stäbchen einen Umschlag auf die Nadel legen und zurück in die 1. übergangene Einstichstelle einstechen.
5. Schlinge vor dem 1. Stäbchen durchholen und etwas längziehen. Das Stäbchen fertigstellen, dafür 2 x je zwei Schlingen zusammen abmaschen.

◀ POPCORNMASCHE

Eine besondere Form der Büschelmaschen oder Noppen ist die Popcornmasche, die meist als Popcornstäbchen gehäkelt wird.

1. Drei oder vier Stäbchen in eine Einstichstelle arbeiten.
2. Die Nadel aus der Schlinge nehmen.
3. In den Kopf des ersten Stäbchens einstechen.
4. Die Schlinge wieder auf die Nadel nehmen und einen Umschlag auf die Nadel legen
5. Den Umschlag durch die Schlinge und den Maschenkopf ziehen.

▶ RELIEFSTÄBCHEN

Je nach Einstichrichtung unterscheidet man zwischen Reliefstäbchen von vorn und von hinten.

1. Für ein Reliefstäbchen von vorn einen Umschlag auf die Nadel legen und vor dem darunter liegenden Stäbchen von vorn nach hinten durchstechen,
2. Nach dem Stäbchen wieder nach vorne durchstechen.
3. Einen Umschlag auf die Nadel legen und die Schlinge durchholen, das Stäbchen fertigstellen.
4. Für ein Reliefstäbchen von hinten einen Umschlag auf die Nadel legen und um das darunter liegende Stäbchen von hinten nach vorn durchstechen.
5. Nach dem Stäbchen wieder nach hinten durchstechen und wie in 3. beschrieben weiterarbeiten.

Helga Grebenstein

Tunikakleid Flora

Die edle Kombination von Puder und Ecru lässt die plastischen Büschelmaschen und die gehäkelten Blüten- quadrate besonders schön zur Geltung kommen.

GRÖSSE
34–36 / 44–46

GARN
Lang Yarns Malou Light (72 % Alpaka, 16 % Polyamid, 12 % Wolle, LL 190 m/50 g)
350/450 g Beige (Fb 887.0022)
150/200 g Ecru (Fb 887.0094)

ABKÜRZUNGEN SEITE 126

NADELN
Häkelnadel 6 mm

MASCHENPROBE
15,5 Anschlag-M und 8 R im Grundmuster =
10 x 10 cm
1 Häkelquadrat = 11,5 x 11,5 cm

Schnitt Größe 34-36 **Schnitt Größe 44-46** **Häkelschrift 1**

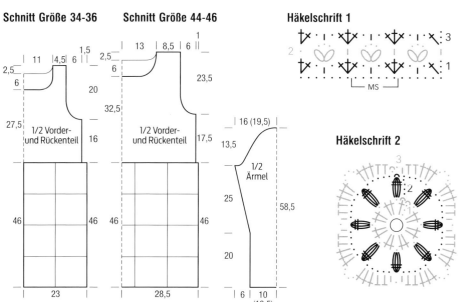

Häkelschrift 2

TUNIKAKLEID
HÄKELMUSTER
Grundmuster
M-Anschlag teilbar durch 6 + 1 Lftm. Nach Häkelschrift 1 in R häkeln. Jede R mit 3 bzw. 1 Lftm als Ersatz für das 1. Stb bzw. die 1. fM und den M vor dem MS beginnen, den MS stets wdh, enden mit den M nach dem MS. Die 1.–3. R 1 x arb, dann die 2. und 3. R stets wdh. Bei Abnahmen am R-Anfang die abzunehmenden M mit Kett-M übergehen und am R-Ende die abzunehmenden M unbehäkelt stehen lassen.

Häkelquadrat
Nach Häkelschrift 2 in Rd häkeln. In Ecru eine Fadenschlinge legen und die 1. Rd in die Fadenschlinge arb. Die 2. Rd in Beige und die 3. Rd in Ecru arb, dabei jede Rd wie gezeichnet mit Anfangs-Lftm beginnen und mit 1 Kett-M beenden. Nach der 1. Rd mit 1 zusätzlichen Kett-M zum Beginn der nächsten Rd vorgehen. Die 1.–3. Rd 1 x arb. Die Fadenschlinge mit dem Angangsfaden fest zusammenziehen. Für einen sauberen Farbübergang beim Farbwechsel die letzte M der alten Fb bereits mit der neuen Fb abmaschen.

RÜCKENTEIL
67/85 Lftm + 3 Wende-Lftm (= 1. Stb) in Beige anschlagen und im Grundmuster häkeln.

Armausschnitte
In 16/17,5 cm Gesamthöhe beidseitig 3 M abnehmen. Dann in jeder R beidseitig noch 1 x 3, 1 x 2 und 1 x 1 M abnehmen = 49/67 M.

Halsausschnitt
In 33,5/38,5 cm Gesamthöhe die mittleren 35/41 M unbehäkelt stehen lassen und beide Seiten getrennt beenden. In 36/41 cm Gesamthöhe über den restlichen je 7/13 Schulter-M enden.

VORDERTEIL
Ebenso arb, jedoch mit tieferem Halsausschnitt. Dafür bereits in 27,5/32,5 cm Gesamthöhe die mittleren 29/35 M unbehäkelt stehen lassen und beide Seiten getrennt beenden. Für die Rundung am inneren Rand in jeder R noch 3 x je 1 M abnehmen. In Rückenteilhöhe über den restlichen je 7/13 Schulter-M enden.

ÄRMEL
31/43 Lftm + 3 Wende-Lftm (= 1. Stb) in Beige anschlagen und im Grundmuster häkeln.

Ärmelschräge
In 20 cm Gesamthöhe beidseitig 1 M zunehmen, dann noch 8 x in jeder 2. R je 1 M zunehmen und in das Grundmuster einfügen = 49/61 M.

Armkugel
In 45 cm Gesamthöhe beidseitig 3 M abnehmen, dann in jeder R 3 x je 2 und 7 x je 1 M abnehmen. In 58,5 cm Gesamthöhe über den restlichen 17/29 M enden.

ROCKTEIL
Insgesamt 32/40 Häkelquadrate anfertigen.

FERTIGSTELLUNG
Schulternähte schließen und die Ärmel einsetzen. Dann die Seiten- und Ärmelnähte in einem Arbeitsgang schließen. Den Halsausschnittrand und die unteren Ärmelkanten in Beige jeweils mit 1 Rd Krebs-M (= fM von links nach rechts arb) behäkeln. Für das Rockteil die Häkelquadrate gemäß Schnittplan zusammennähen, dazu 4 Streifen aus je 8/10 Quadraten bilden und diese Streifen zum Ring schließen, dann die Streifen aneinandernähen. Die Oberkante des Rockteils an die Anschlagkante von Vorder- und Rückenteil nähen, dabei die Kante auf Oberteilweite einhalten. ❖

Zeichenerklärung
- • = 1 Lftm ∩ = 1 Kett-M I = 1 fM T = 1 hStb † = 1 Stb ‡ = 1 DStb ○ = Fadenschlinge
- ◊ = 1 Büschel-M: *1 Umschlag auf die Nadel nehmen, in die fM der Vor-R einstechen und 1 Schlinge durchholen und langziehen, ab * noch 3 x wdh, dann alle Schlingen zus abmaschen
- Laufen die Zeichen oben zus, werden die M zus abgemascht, laufen die Zeichen unten zus, werden die M in eine Einstichstelle gearbeitet.

ABKÜRZUNGEN SIEHE SEITE 126

VIDEO-LEHRGÄNGE
zu allen Mustern der Doppelseite im Internet auf YouTube:
http://bit.do/Haekelmuster

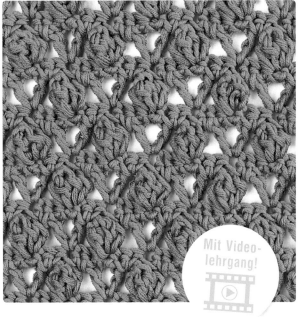

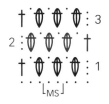

Mit Video-
lehrgang!

POPCORNMUSTER

Lftm-Anschlag teilbar durch 6 + 5 Lftm.

1. Reihe: 1 Lftm (= 1. fM), je 1 fM in die 3. Lftm ab Nadel und jede folg Anschlag-Lftm.

2. Reihe: 3 Lftm (= 1. Stb), 1 M übergehen, in die folg M 1 Stb, 2 Lftm und 1 Stb, *2 M übergehen, in die folg M 1 Popcorn-Stb (= 4 Stb in eine Einstichstelle arb, Nadel aus der Schlinge nehmen, durch den M-Kopf des 1. Stb wieder einstechen und die Schlinge durchholen), 2 M übergehen, in die folg M 1 Stb, 2 Lftm und 1 Stb, ab * stets wdh, enden mit 1 M übergehen, 1 Stb in die Ersatz-Lftm.

3. Reihe: 1 Lftm (= 1. fM), *1 fM auf das folg Stb, 1 fM um den Lftm-Bogen, 1 fM auf das folg Stb, 1 fM zwischen Stb und Popcorn-Stb, 1 fM auf das Popcorn-Stb, 1 fM zwischen Popcorn-Stb und Stb, ab * stets wdh, enden mit 1 fM auf das folg Stb, 1 fM um den Lftm-Bogen, 1 fM auf das letzte Stb und 1 fM in die oberste Ersatz-Lftm.

4. Reihe: 3 Lftm (= 1. Stb), 1 M übergehen, in die folg M 1 Popcorn-Stb, *2 M übergehen, in die folg M 1 Stb, 2 Lftm und 1 Stb, 2 M übergehen, in die folg M 1 Popcorn-Stb, ab * stets wdh, enden mit 1 M übergehen, 1 Stb in die Ersatz-Lftm.

5. Reihe: 1 Lftm (= 1. fM), *1 fM zwischen Stb und Popcorn-Stb, 1 fM auf das Popcorn-Stb, 1 fM zwischen Popcorn-Stb und Stb, 1 fM auf das folg Stb, 1 fM um den Lftm-Bogen, 1 fM auf das folg Stb, ab * stets wdh, enden mit 1 fM zwischen Stb und Popcorn-Stb, 1 fM auf das Popcorn-Stb, 1 fM zwischen Popcorn-Stb und Stb, 1 fM in die oberste Ersatz-Lftm.

Die 1.–5. R 1 x arb, dann die 2.–5. R stets wdh. Das Muster beginnt mit einer Rück-R.

Häkelschrift

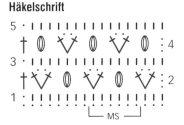

BUBBLES

Lftm-Anschlag teilbar durch 2.

1. Reihe: 3 Lftm (= 1. Stb), 3 zus abgemaschte Stb in die 5. Lftm ab Nadel, 1 Lftm, 1 Anschlag-Lftm übergehen, *3 zus abgemaschte Stb in die folg Anschlag-Lftm, 1 Lftm, 1 Anschlag-Lftm übergehen, ab * stets wdh, enden mit 1 Stb in die letzte Anschlag-Lftm.

2. und 3. Reihe: 3 Lftm (= 1. Stb), 3 zus abgemaschte Stb um die 1. Lftm, 1 Lftm, *3 zus abgemaschte Stb um die folg Lftm, 1 Lftm, ab * stets wdh, enden mit 1 Stb in die oberste Ersatz-Lftm.

Die 1.–3. R 1 x arb, dann die 2. und 3. R stets wdh.

Häkelschrift

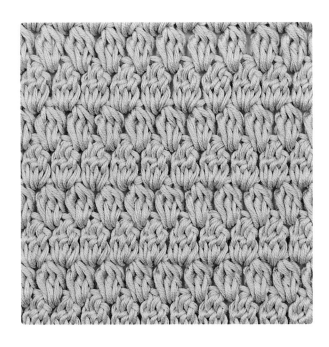

Zeichenerklärung für die Häkelmuster von dieser Doppelseite:

- **•** = 1 Lftm
- **I** = 1 fM
- **†** = 1 Stb
- = 3 zus abgemaschte Stb in eine Einstichstelle
- = 1 Popcorn-Stb: 4 Stb in eine Einstichstelle arb, Nadel aus der Schlinge nehmen, durch den M-Kopf des 1. Stb wieder einstechen und die Schlinge durchholen
- = 5 zus abgemaschte Stb in eine Einstichstelle
- **O** = 1 Büschel-M (siehe jeweilige Anleitung)

Mit Video-lehrgang!

NOPPENTEPPICH

Lftm-Anschlag teilbar durch 4 + 1 Lftm. Gemäß Häkelschrift in R häkeln. Jede R mit 3 Lftm als Ersatz für das 1. Stb bzw. 1 zusätzlichen Wende-Lftm und den M vor dem MS beginnen, den MS stets wdh, enden mit den M nach dem MS. Die 1.–5. R 1 x arb, dann die 2.–5. R stets wdh.

Häkelschrift

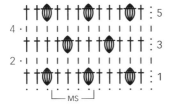

BÜSCHELNETZ

Lftm-Anschlag teilbar durch 6 + 4 Lftm. Gemäß Häkelschrift in R häkeln. Jede R mit 1 bzw. 3 Lftm als Ersatz für die 1. fM bzw. das 1. Stb und den M vor dem MS beginnen, den MS stets wdh, enden mit den M nach dem MS. Die 1.–4. R 1 x arb, dann die 3. und 4. R stets wdh.

Häkelschrift

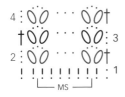

1 Büschel-M: *1 Umschlag auf die Nadel nehmen, in die fM bzw. den Lftm-Bogen der Vor-R einstechen, 1 Schlinge durchholen und langziehen, ab * noch 3 x wdh, dann alle Schlingen zus abmaschen und die Büschel-M mit 1 Lftm schließen

BÜSCHELSTREIFEN

Lftm-Anschlag teilbar durch 7 + 4 Lftm. Gemäß Häkelschrift in R häkeln. Jede R mit 3 Lftm als Ersatz für das 1. Stb und den M vor dem MS beginnen, den MS stets wdh, enden mit den M nach dem MS. Die 1.–3. R 1 x arb, dann die 2. und 3. R stets wdh.

Häkelschrift

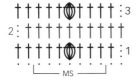

Laufen die Zeichen unten zus, werden die M in eine Einstichstelle gearbeitet.

MUSTER MIT *Büschelmaschen*

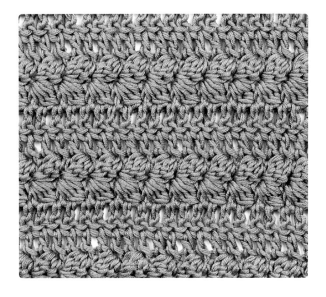

STÄBCHEN-BÜSCHELMUSTER

Lftm-Anschlag teilbar durch 2. Gemäß Häkelschrift in R häkeln. Jede R mit 3 Lftm als Ersatz für das 1. Stb bzw. 1 zusätzlichen Wende-Lftm und den M vor dem MS beginnen, den MS stets wdh, enden mit den M nach dem MS. Die 1.–4. R stets wdh. Das Muster beginnt mit einer Rück-R.

Häkelschrift

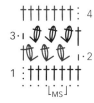

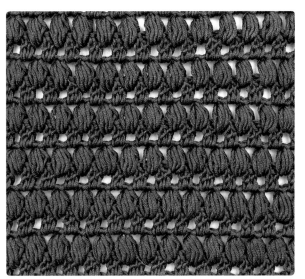

BÜSCHELRASTER

Lftm-Anschlag teilbar durch 2 + 1 Lftm. Gemäß Häkelschrift in R häkeln. Jede R mit 3 Lftm als Ersatz für das 1. Stb und den M vor dem MS beginnen, den MS stets wdh, enden mit den M nach dem MS. Die 1.–3. R 1 x arb, dann die 2. und 3. R stets wdh.

Häkelschrift

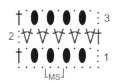

1 Büschel-M: *1 Umschlag auf die Nadel nehmen, in die Anschlag-Lftm bzw. zwischen die M der Vor-R einstechen, 1 Schlinge durchholen und langziehen, ab * noch 3 x wdh, dann alle Schlingen zus abmaschen und die Büschel-M mit 1 Lftm schließen

BÜSCHELKNOSPEN

Lftm-Anschlag teilbar durch 6 + 1 Lftm. Gemäß Häkelschrift in R häkeln. Jede R mit 3 bzw. 1 Lftm als Ersatz für das 1. Stb bzw. die 1. fM und den M vor dem MS beginnen, den MS stets wdh, enden mit den M nach dem MS. Die 1.–3. R 1 x arb, dann die 2. und 3. R stets wdh.

Häkelschrift

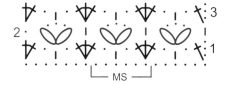

1 Büschel-M: *1 Umschlag auf die Nadel nehmen, in die fM der Vor-R einstechen, 1 Schlinge durchholen und langziehen, ab * noch 2 x wdh, dann alle Schlingen zus abmaschen

Zeichenerklärung für die Häkelmuster von dieser Doppelseite:

- • = 1 Lftm
- | = 1 fM
- † = 1 Stb
- ⬇ = 1 fM und 3 zus abgemaschte Stb in eine Einstichstelle
- ● + ○ = 1 Büschel-M oder Noppe (siehe jeweilige Anleitung)

Laufen die Zeichen unten zus, werden die M in eine Einstichstelle gearbeitet.

VERSETZTE BÜSCHEL

Lftm-Anschlag teilbar durch 6 + 5 Lftm. Gemäß Häkelschrift in R häkeln. Jede R mit 1 zusätzlichen Wende-Lftm bzw. 3 Lftm als Ersatz für das 1. Stb und den M vor dem MS beginnen, den MS stets wdh, enden mit den M nach dem MS. Die 1.–4. R 1 x arb, dann die 3. und 4. R stets wdh.

Häkelschrift

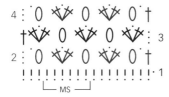

1 Büschel-M: *1 Umschlag auf die Nadel nehmen, in die fM bzw. um die Lftm der Vor-R einstechen, 1 Schlinge durchholen und langziehen, ab * noch 2 x wdh, dann alle Schlingen zus abmaschen

PÜNKTCHENMUSTER

Lftm-Anschlag teilbar durch 12 + 3 Lftm. Gemäß Häkelschrift in R häkeln. Jede R mit 1 zusätzlichen Wende- Lftm und den M vor dem MS beginnen, den MS stets wdh, enden mit den M nach dem MS. Die 1.–12. R stets wdh, dabei die Grund-M in Fb A und die Noppen in Fb B arb. In den Noppen-R mit beiden Fb arb und für den Farbwechsel die fM vor einer Noppe bereits mit Fb B der Noppe abmaschen. Nach der Noppe in Fb A weiterarb. Den unbenutzten Faden der Grund-Fb hinter der Noppe mitführen und den unbenutzten Faden der Noppen-Fb entweder überhäkeln oder abschneiden und auf der Rückseite vernähen.

1 Noppe: 5 halb abgemaschte Stb in eine Einstichstelle, dann alle Schlingen zus abmaschen

Häkelschrift

NOPPENBLUMEN

Lftm-Anschlag teilbar durch 8 + 1 Lftm. Gemäß Häkelschrift in R häkeln. Jede R mit 1 bzw. 3 Lftm als Ersatz für die 1. fM bzw. das 1. Stb und den M vor dem MS beginnen, den MS stets wdh, enden mit den M nach dem MS. Die 1.–10. R 1 x arb, dann die 7.–10. R stets wdh.

Häkelschrift

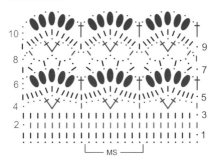

1 Noppe: *1 Umschlag auf die Nadel nehmen, in die fM der Vor-R einstechen, 1 Schlinge durchholen und langziehen, ab * noch 4 x wdh, dann alle Schlingen zus abmaschen

VIDEO-LEHRGÄNGE zu allen Mustern der Doppelseite im Internet auf YouTube: http://bit.do/Haekelmuster

MUSTER MIT *verkreuzten Maschen*

Extra
Ausführliche
Anleitung
Reihe für Reihe

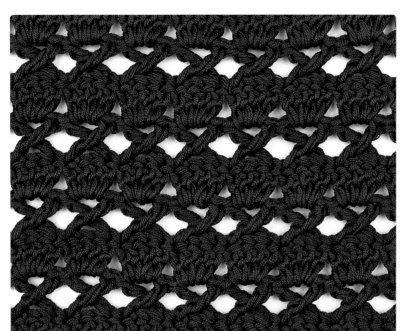

FÄCHERKREUZE

Lftm-Anschlag teilbar durch 4 + 2 Lftm.

1. Reihe: 3 Lftm (= 1. Stb), 1 DStb in die 8. Lftm ab Nadel, 2 Lftm, 1 DStb hinter dem 1. DStb zurück in die 5. Lftm ab Nadel, *3 Anschlag-Lftm übergehen, 1 DStb in die folg Anschlag-Lftm, 2 Lftm, 1 DStb hinter dem 1. DStb zurück in die 1. übergangene Anschlag-Lftm, ab * stets wdh, enden mit 1 Stb in die letzte Anschlag-Lftm.

2. Reihe: 3 Lftm (= 1. Stb), *4 Stb um den folg 2-Lftm-Bogen, ab * stets wdh, enden mit 1 Stb in die oberste Ersatz-Lftm.

3. Reihe: 3 Lftm (= 1. Stb), *3 M übergehen, 1 DStb in die folg M, 2 Lftm, 1 DStb hinter dem 1. DStb zurück in die 1. übergangene M, ab * stets wdh, enden mit 1 Stb in die oberste Ersatz-Lftm.
Die 1.–3. R 1 x arb, dann die 2. und 3. R stets wdh.

Häkelschrift

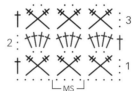

KREUZSTREIFEN

Lftm-Anschlag teilbar durch 2.

1. Reihe: 1 Wende-Lftm, je 1 fM in die 2. Lftm ab Nadel und jede folg Anschlag-Lftm.

2. Reihe: 3 Lftm (= 1. Stb), *1 M übergehen, 1 Stb in die folg M, das 2. Stb von hinten in die übergangene M, ab * stets wdh, enden mit 1 Stb auf die letzte M.

3. Reihe: 1 Wende-Lftm, 1 fM auf jedes Stb.
Die 1.–3. R 1 x arb, dann die 2. und 3. R stets wdh.

Häkelschrift

Zeichenerklärung für die Häkelmuster von dieser Doppelseite:

- • = 1 Lftm
- ⊦ = 1 fM
- † = 1 Stb

✗ = 1 einfaches Kreuz-Stb: 1 Stb in die 2. Einstichstelle, das 2. Stb von hinten in die übergangen Einstichstelle arb

✗ = 1 Kreuz-Stb: 2 M übergehen, 1 Stb in die folg M, 1 Lftm, 1 Stb von hinten zurück in die 1. übergangene M

✗ = 1 Kreuz-Stb: 2 Einstichstellen übergehen, 1 Stb in die folg Einstichstelle, 2 Lftm, 1 Stb von hinten zurück in die 1. übergangene Einstichstelle

MUSTER MIT *verkreuzten Maschen*

KREUZGITTER

Lftm-Anschlag teilbar durch 3 + 2 Lftm.

1. Reihe: 3 Lftm (= 1. Stb), 1 Stb in die 7. Lftm ab Nadel, 1 Lftm, 1 Stb von hinten zurück in die 5. Lftm ab Nadel, *2 Anschlag-Lftm übergehen, 1 Stb in die folg Anschlag-Lftm, 1 Lftm, 1 Stb von hinten in die 1. übergangene Anschlag-Lftm, ab * stets wdh, enden mit 1 Stb in die letzte Anschlag-Lftm.

2. und 3. Reihe: 3 Lftm (= 1. Stb), *2 M übergehen, 1 Stb in die folg M, 1 Lftm, 1 Stb von hinten zurück in die 1. übergangene M, ab * stets wdh, enden mit 1 Stb in die oberste Ersatz-Lftm.
Die 1.–3. R 1 x arb, dann die 2. und 3. R stets wdh.

Häkelschrift

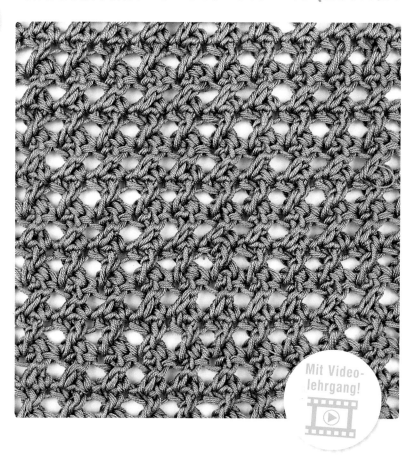

Mit Video-
lehrgang!

SÄULENKREUZE

Lftm-Anschlag teilbar durch 3 + 2 Lftm.

1. Reihe: 3 Lftm (= 1. Stb), 1 Stb in die 7. Lftm ab Nadel, 2 Lftm, 1 Stb von hinten zurück in die 5. Lftm ab Nadel, *2 Anschlag-Lftm übergehen, 1 Stb in die folg Anschlag-Lftm, 2 Lftm, 1 Stb von hinten zurück in die 1. übergangene Anschlag-Lftm, ab * stets wdh, enden mit 1 Stb in die letzte Anschlag-Lftm.

2. Reihe: 3 Lftm (= 1. Stb), *1 Lftm, 3 zus abgemaschte Stb in den folg 2-Lftm-Bogen, 1 Lftm, ab * stets wdh, enden mit 1 Stb in die oberste Ersatz-Lftm.

3. und 5. Reihe: 3 Lftm (= 1. Stb), *2 Einstichstellen übergehen, 1 Stb in die folg Einstichstelle, 2 Lftm, 1 Stb von hinten zurück in die 1. übergangene Einstichstelle, ab * stets wdh, enden mit 1 Stb in die oberste Ersatz-Lftm.

4. Reihe: 3 Lftm (= 1. Stb), *3 Stb in den folg 2-Lftm-Bogen, ab * stets wdh, enden mit 1 Stb in die oberste Ersatz-Lftm.
Die 1.–5. R 1 x arb, dann die 2.–5. R stets wdh.

Häkelschrift

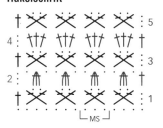

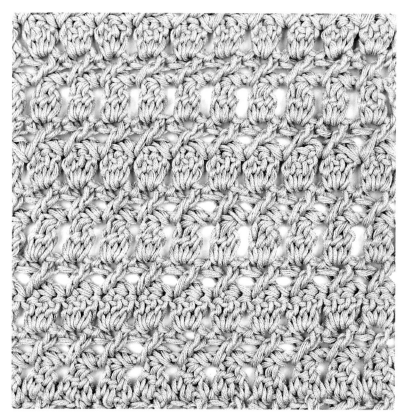

 = 1 Kreuz-DStb: 3 M übergehen, 1 DStb in die folg M, 2 Lftm, 1 DStb hinter dem 1. DStb zurück in die 1. übergangene M

Laufen die Zeichen oben zus, werden die M zus abgemascht, laufen die Zeichen unten zus, werden die M in eine Einstichstelle gearbeitet.

MUSTER MIT *verkreuzten Maschen*

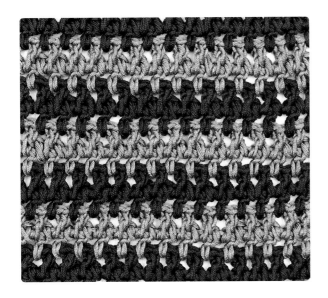

KREUZGANG

Lftm-Anschlag teilbar durch 2. Gemäß Häkelschrift in R häkeln. Jede R mit 3 bzw. 2 Lftm als Ersatz für das 1. Stb bzw. das 1. hStb und den M vor dem MS beginnen, den MS stets wdh, enden mit den M nach dem MS. Die 1.–5. R 1 x arb, dann die 2.–5. R stets wdh, dabei mit 1 R in Fb A beginnen, dann abwechselnd je 2 R in Fb B und A häkeln.

Häkelschrift

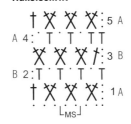

1 Kreuz-Stb: 1 Stb in bzw. um die übernächste Lftm, 1 Stb zurück in bzw. um die übergangene Lftm

KREUZWELLEN

Lftm-Anschlag teilbar durch 20 + 4 Lftm. Gemäß Häkelschrift in R häkeln. Jede R mit 3 Lftm als Ersatz für das 1. Stb bzw. 1 zusätzlichen Wende-Lftm und den M vor dem MS beginnen, den MS stets wdh, enden mit den M nach dem MS. Die 1.–11. R 1 x arb, dann die 4.–11. R stets wdh, dabei abwechselnd je 2 R in Fb A und B häkeln.

Häkelschrift

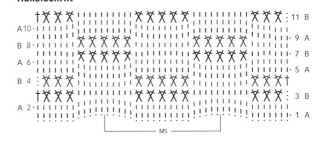

1 Kreuz-Stb: 1 Stb in die 2. M, dann 1 Stb zurück in die übergangene M

MASCHENTRIO

Lftm-Anschlag teilbar durch 3 + 2 Lftm. Gemäß Häkelschrift in R häkeln. Jede R mit 3 Lftm als Ersatz für das 1. Stb und den M vor dem MS beginnen, den MS stets wdh, enden mit den M nach dem MS. Die 1.–5. R 1 x arb, dann die 2.–5. R stets wdh. Das Muster beginnt mit einer Rück-R.

Häkelschrift

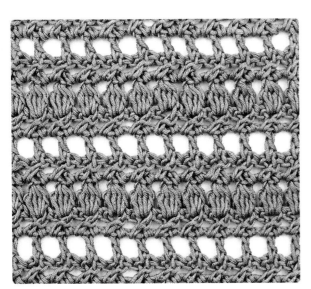

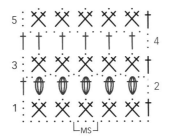

1 verkreuzte Stb: 2 Einstichstellen übergehen, 1 Stb in die folg Einstichstelle, 1 Lftm, 1 Stb zurück in die 1. übergangene Einstichstelle

---

Zeichenerklärung für die Häkelmuster von dieser Doppelseite:

• = 1 Lftm

𝄇 = 4 zus abgemaschte Stb um die Lftm der Vor-R

I = 1 fM

T = 1 hStb

† = 1 Stb

‡ = 1 DStb

✕ = verkreuzte Stb: siehe Anleitung

✖ = 1 Kreuz-Stb (siehe jeweilige Anleitung)

⊬⊦⊦ = gekreuzte M: 1 Lftm, 1 M übergehen, 3 Stb, 1 fM von vorne zurück in die übergangene M, dabei die M langziehen, 1 M übergehen

DIAGONALKREUZE

Lftm-Anschlag teilbar durch 8 + 7 Lftm. Gemäß Häkelschrift in R häkeln. Jede R mit 1 bzw. 3 Lftm als Ersatz für die 1. fM bzw. das 1. Stb und den M vor dem MS beginnen, den MS stets wdh, enden mit den M nach dem MS. Die 1.–5. R 1 x arb, dann die 2.–5. R stets wdh. Das Muster beginnt mit einer Rück-R.

Häkelschrift

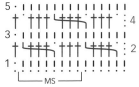

FLECHTMUSTER

Lftm-Anschlag teilbar durch 6 + 2 Lftm. Gemäß Häkelschrift in R häkeln. Jede R mit 2 zusätzlichen Wende-Lftm und den M vor dem MS beginnen, den MS stets wdh, enden mit den M nach dem MS. Die 1.–3. R 1 x arb, dann die 2. und 3. R stets wdh.

Häkelschrift

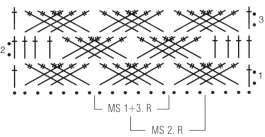

Mit Video-lehrgang!

KREUZRAUTEN

Lftm-Anschlag teilbar durch 10 + 1 Lftm. Gemäß Häkelschrift in R häkeln. Jede R mit 4 Lftm als Ersatz für das 1. DStb bzw. 1 zusätzlichen Wende-Lftm und den M vor dem MS beginnen, den MS stets wdh, enden mit den M nach dem MS. Die 1.–3. R 1 x arb, dann die 2. und 3. R stets wdh.

Häkelschrift

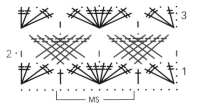

= 6 verkreuzte M: 3 M übergehen, je 1 DStb in die folg 3 M, je 1 DStb in die 3 übergangenen M, dabei in Hin-R die DStb von vorne und in Rück-R von hinten in die übergangenen M arb

= 8 verkreuzte M: wie gezeichnet M übergehen und je 1 DStb in die folg 4 M arb, 1 Lftm, dann wie gezeichnet je 1 DStb zurück in 4 übergangene M arb, dabei von vorne in die übergangenen M einstechen

Laufen die Zeichen unten zus, werden die M in eine Einstichstelle gearbeitet.

VIDEO-LEHRGÄNGE
zu allen Mustern der Doppelseite im Internet auf YouTube:
http://bit.do/Haekelmuster

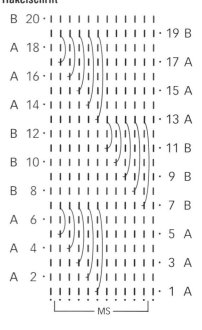

8.–12. Reihe – Fb B: 1 Wende-Lftm, 1 fM auf jede fM der Vor-R.
13. Reihe – Fb A: 1 Wende-Lftm, 1 fM auf die 1. fM der Vor-R, *1 fM 6 R tiefer einstechen, 1 fM 5 R tiefer einstechen, 1 fM 4 R tiefer einstechen, 1 fM 3 R tiefer einstechen, 1 fM 2 R tiefer einstechen, 5 fM, ab * stets wdh, enden mit 1 fM auf die letzte fM der Vor-R.
14.–18. Reihe – Fb A: 1 Wende-Lftm, 1 fM auf jede fM der Vor-R.
19. Reihe – Fb B: Wie die 7. R arb.
20. Reihe – Fb B:
1 Wende-Lftm, 1 fM auf jede fM der Vor-R.
Die 1.–19. R 1 x arb, dann die 8.–19. R stets wdh und mit der 20. R enden, dabei abwechselnd je 6 R in Fb A und B häkeln.
Für die tiefergestochenen fM entsprechend tiefer einstechen, den Faden holen und langziehen, dann die M fertig abmaschen.

Häkelschrift

HAHNENTRITTMUSTER

Lftm-Anschlag teilbar durch 10 + 2 Lftm.
1. Reihe – Fb A: 1 Wende-Lftm, 1 fM in die 2. Lftm ab Nadel und je 1 fM in jede folg Anschlag-Lftm.
2.–6. Reihe – Fb A: 1 Wende-Lftm, 1 fM auf jede fM der Vor-R.
7. Reihe – Fb B: 1 Wende-Lftm, 1 fM auf die 1. fM der Vor-R, *5 fM, 1 fM 6 R tiefer einstechen, 1 fM 5 R tiefer einstechen, 1 fM 4 R tiefer einstechen, 1 fM 3 R tiefer einstechen, 1 fM 2 R tiefer einstechen, ab * stets wdh, enden mit 1 fM auf die letzte fM der Vor-R.

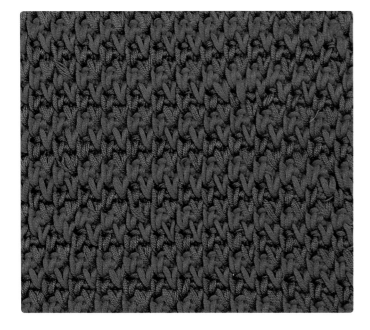

KÖRNERMUSTER

Lftm-Anschlag teilbar durch 2.
1. Reihe: 1 Lftm, 1 fM in die 3. Lftm ab Nadel, *1 Lftm, 1 Anschlag-Lftm übergehen, 1 fM in die folg Anschlag-Lftm, ab * stets wdh.
2. Reihe: 1 Lftm, 1 fM, dabei um die folg Lftm in die freie Lftm des Anschlags einstechen, * 1 Lftm,1 fM, dabei um die folg Lftm in die freie Lftm des Anschlags einstechen, ab * stets wdh.
3. und 4. Reihe: 1 Lftm , 1 fM, dabei um die folg Lftm in die freie fM der vorletzten R einstechen, * 1 Lftm, 1 fM, dabei um die folg Lftm in die freie fM der vorletzten R einstechen, ab * stets wdh.
Die 1.–4. R 1 x arb, dann die 3. und 4. R stets wdh, dabei abwechselnd je 2 R in Fb A und B häkeln.

Häkelschrift

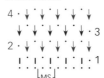

Zeichenerklärung für die Häkelmuster von dieser Doppelseite:

• = 1 Lftm
⌢ = 1 Kett-M
I = 1 fM
† = 1 Stb

↓ = 1 fM, dabei um die Lftm in die freie M der vorletzten R einstechen

= 1 fM, dabei 2 R tiefer einstechen und M langziehen

= 1 fM, dabei 3 R tiefer einstechen und M langziehen

= 1 fM, dabei 4 R tiefer einstechen und M langziehen

= 1 fM, dabei 5 R tiefer einstechen und M langziehen

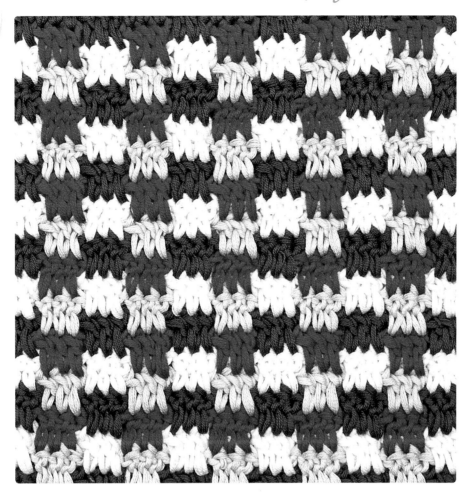

WEBKAROS

Lftm-Anschlag teilbar durch 6 + 5 Lftm.

1. Reihe (= Hin-R) – Fb A: 3 Lftm (= 1. Stb), 1 Stb in die 5. Lftm ab Nadel und je 1 Stb in die folg 2 Lftm, *3 Lftm, 3 Anschlag-Lftm übergehen, 3 Stb, ab * stets wdh, enden mit 1 Stb in die letzte Anschlag-Lftm.

2. Reihe (= Rück-R) – Fb B: Mit 1 Kett-M anschlingen, 1 Lftm (= 1. fM), 3 Lftm, 3 Stb übergehen, *3 Stb, dabei um die Lftm in die freien Lftm des Anschlags einstechen, 3 Lftm, 3 Stb übergehen, ab * stets wdh, enden mit 1 fM in die oberste Ersatz-Lftm.

3. Reihe (= Hin-R) – Fb C: Mit 1 Kett-M anschlingen, 1 Lftm (= 1. fM), *3 Stb, dabei um die Lftm in die freien Stb der vorletzten R einstechen, 3 Lftm, 3 Stb übergehen, ab * stets wdh, enden mit 3 Stb, dabei um die Lftm in die freien Stb der vorletzten R einstechen, 1 fM in die Ersatz-Lftm.

4. Reihe (= Rück-R) – Fb D: Mit 1 Kett-M anschlingen, 1 Lftm (= 1. fM), 3 Lftm, 3 Stb übergehen, *3 Stb, dabei um die Lftm in die freien Stb der vorletzten R einstechen, 3 Lftm, 3 Stb übergehen, ab * stets wdh, enden mit 1 fM in die Ersatz-Lftm.

5. Reihe (= Rück-R) – Fb A: Wie die 3. R arb.

6. Reihe (= Hin-R) – Fb B: Wie die 4. R arb.

7. Reihe (= Rück-R) – Fb C: Wie die 3. R arb.

8. Reihe (= Hin-R) – Fb D: Wie die 4. R arb.

9. Reihe (= Hin-R) – Fb A: Wie die 3. R arb.

10. Reihe (= Rück-R) – Fb B: Wie die 4. R arb.

11. Reihe (= Hin-R) – Fb C: Wie die 3. R arb.

Die 1.–11. R 1 x arb, dann die 4.–11. R stets wdh, dabei nacheinander je 1 R in Fb A, Fb B, Fb C und Fb D häkeln, dann diese Farbfolge stets wdh. Aufgrund des Farbwechsels werden in der 4. und 5. R 2 Rück-R sowie in der 8. und 9. R 2 Hin-R gearbeitet.

Häkelschrift

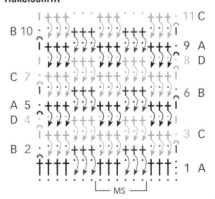

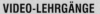
⌐ = 1 fM, dabei 6 R tiefer einstechen und M langziehen

✝ = 1 Stb, dabei um die Lftm in die freien Lftm des Anschlags bzw. in die Stb der vorletzten R einstechen

GRÖSSE

36–38/40–42/44–46

GARN

Lang Yarns Merino 120 (100 % Schurwolle,
LL 120 m/50 g)
400/450/500 g Schilf (Fb 34.0274)
je 200/250/300 g Blau (Fb 34.0133) und
Hellblau (Fb 34.0020)

ABKÜRZUNGEN SEITE 126

NADELN

Häkelnadel 4 mm

MASCHENPROBE

16,5 M und 23 R im Streifenmuster = 10 x 10 cm

Häkelschrift

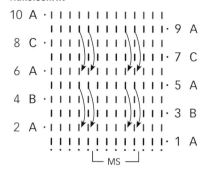

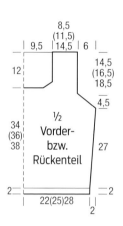

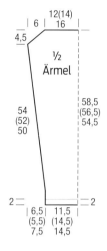

TAILLENKURZER KASTENPULLI
HÄKELMUSTER

Bundmuster

Mit fM in R häkeln. Jede R mit 1 zusätzlichen
Wende-Lftm beginnen und mit 1 fM in die 1. fM
der Vor-R beenden.

Streifenmuster

M-Anschlag teilbar durch 5 + 3 Lftm. Nach der
Häkelschrift häkeln, dabei jede R mit 1 zusätzlichen
Wende-Lftm und den M vor dem MS beginnen,
den MS stets wdh, enden mit den M nach dem
MS. Die 1.–10. R 1 x arb, dann die 3.–10. R stets
wdh, dabei den Farbwechsel (siehe Buchstaben

neben den R-Zahlen) beachten. Bei Abnahmen am
R-Anfang die abzunehmenden M mit Kett-M übergehen und am R-Ende die abzunehmenden M unbehäkelt stehen lassen.

RÜCKENTEIL

73/83/93 Lftm + 1 Wende-Lftm in Schilf anschlagen
und für die Blende 2 cm im Bundmuster häkeln.
Danach im Streifenmuster weiterarb und für die
Seitenschrägung beidseitig 1 x in der 4. R ab Blende
und noch 2 x in jeder folg 14. R je 1 M mustergemäß zunehmen = 79/89/99 M.

Armausschnitte

In 27 cm Höhe ab Blende beidseitig 1 M abnehmen
und noch 9 x in jeder folg R je 1 M abnehmen =
59/69/79 M.
In 46/48/50 cm Höhe ab Blende enden.

VORDERTEIL

Ebenso arb, jedoch mit Halsausschnitt. Dafür bereits in 34/36/38 cm Höhe ab Blende die mittleren
25 M unbehäkelt stehen lassen und beide Seiten
getrennt beenden. Für die Rundung am inneren
Rand in jeder 2. R noch 3 x je 1 M abnehmen. In
Rückenteilhöhe über den restlichen je 14/19/24
Schulter-M enden.

ÄRMEL

38/48/48 Lftm + 1 Wende-Lftm in Schilf anschlagen und für die Blende 2 cm im Bundmuster
häkeln.

Ärmelschräge

Nach der Blende im Streifenmuster weiterarb und
für die Ärmelschrägung beidseitig 1 x in der 4. R
ab Blende und noch 10 x in jeder folg 10. R/8 x in
jeder folg 12. R/11 x in jeder folg 9. R je 1 M
mustergemäß zunehmen = 60/66/72 M.

Armkugel

In 54/52/50 cm Höhe ab Blende beidseitig 1 M
abnehmen und noch 9 x in jeder folg R je 1 M abnehmen. In 58,5/56,5/54,5 cm Höhe ab Blende
über den restlichen 40/46/52 M enden.

FERTIGSTELLUNG

Schulternähte schließen und die Ärmel einsetzen.
Dann die Seiten- und Ärmelnähte in einem Arbeitsgang schließen.
Den Halsausschnittrand in Schilf mit 2 Rd fM
behäkeln. ❖

Zeichenerklärung

• = 1 Lftm
I = 1 fM
⌒ = 1 fM, dabei in die 3 R tiefer liegende
M einstechen und die M langziehen

A = Schilf
B = Blau
C = Hellblau

ABKÜRZUNGEN SIEHE SEITE 126

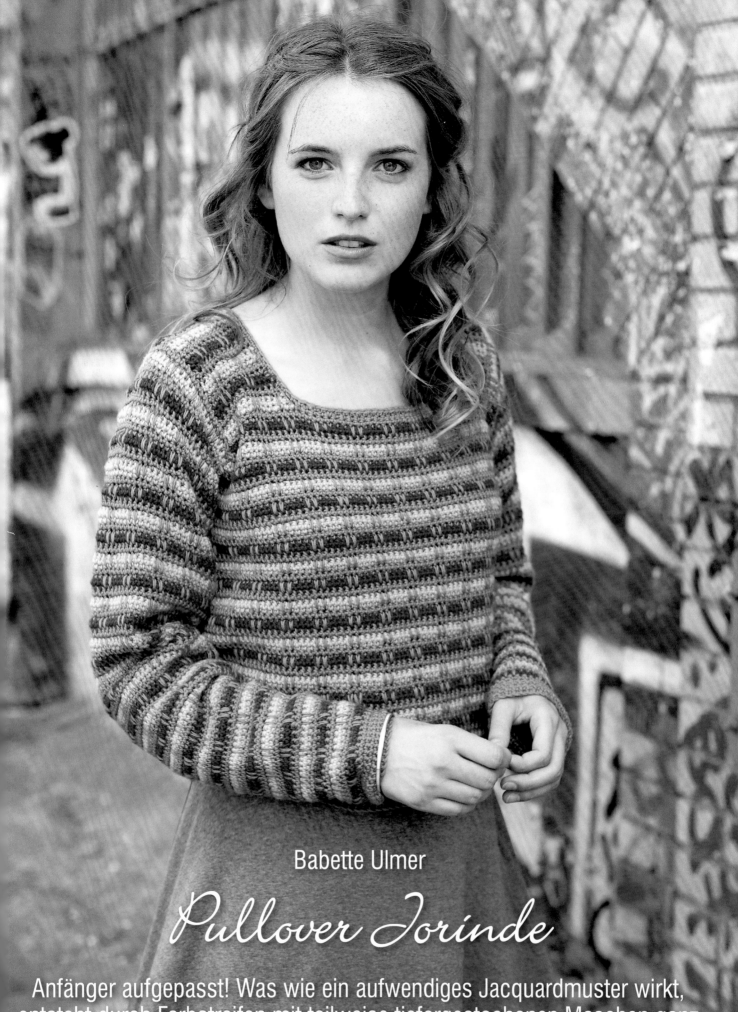

Babette Ulmer

Pullover Jorinde

Anfänger aufgepasst! Was wie ein aufwendiges Jacquardmuster wirkt,
entsteht durch Farbstreifen mit teilweise tiefergestochenen Maschen ganz
mühelos. Alles, was man können muss, sind feste Maschen.

MUSTER MIT *tiefergestochenen Maschen*

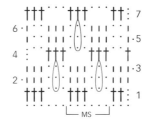

DREIECKMUSTER

Lftm-Anschlag teilbar durch 6 + 3 Lftm. Gemäß Häkelschrift in R häkeln. Jede R mit 3 Lftm als Ersatz für das 1. Stb bzw. 1 zusätzlichen Wende-Lftm und den M vor dem MS beginnen, den MS stets wdh, enden mit den M nach dem MS. Die 1.–7. R 1 x arb, dann die 2.–7. R stets wdh. Nacheinander je 3 R in Fb A, B und C häkeln, dann diese Farbfolge stets wdh.

Häkelschrift

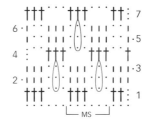

BÜSCHELSCHACHBRETT

Lftm-Anschlag teilbar durch 6 + 1 Lftm. Gemäß Häkelschrift in R häkeln. Jede R mit 3 Lftm als Ersatz für das 1. Stb bzw. 1 zusätzlichen Wende-Lftm und den M vor dem MS beginnen, den MS stets wdh, enden mit den M nach dem MS. Die 1.–8. R 1 x arb, dann die 3.–8. R stets wdh, dabei mit 1 R in Fb A beginnen, dann abwechselnd 1 R in Fb B und 2 R in Fb A häkeln.

Häkelschrift

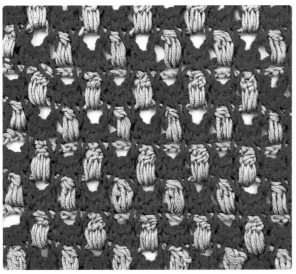

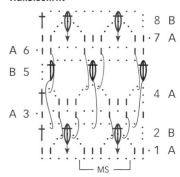

† = 1 tiefergestochenes Stb: 1 Stb, dabei um beide darunterliegende Lftm-Bögen einstechen

1 tiefergestochene fM: 1 fM um die 2 darunterliegenden Lftm-Bogen arb

KETTENMUSTER

Lftm-Anschlag teilbar durch 4 + 1 Lftm. Gemäß Häkelschrift in R häkeln. Jede R mit 3 Lftm als Ersatz für das 1. Stb bzw. 1 zusätzlichen Wende-Lftm und den M vor dem MS beginnen, den MS stets wdh, enden mit den M nach dem MS. Die 1.–8. R 1 x arb, dann die 5.–8. R stets wdh. Mit 3 R in Fb A beginnen, dann abwechselnd je 2 R in Fb B und Fb A häkeln.

Häkelschrift

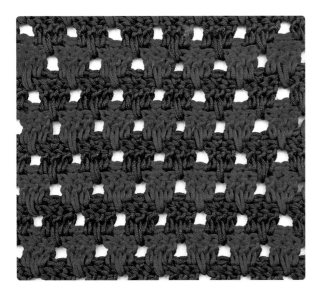

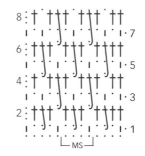

† = 1 tiefergestochenes Stb: 1 Stb, dabei um den darunterliegenden Lftm-Bogen einstechen

Zeichenerklärung für die Häkelmuster von dieser Doppelseite:

- • = 1 Lftm
- I = 1 fM
- † = 1 Stb
- ↓ = 1 fM, dabei 1 R tiefer einstechen
-) = 1 tiefergestochene fM (siehe jeweilige Anleitung)
- = 1 Stb, dabei die 3 darunterliegenden Lftm-Bögen umfassen
- = 3 zus abgemaschte Stb um die 2 darunterliegenden Lftm-Bogen bzw in die darunterliegende Anschlag-Lftm
- = 1 tiefergestochenes Stb (siehe jeweilige Anleitung)

SCHLINGENSTREIFEN

Lftm-Anschlag teilbar durch 2 + 1 Lftm. Gemäß Häkelschrift in R häkeln. Jede R mit 1 zusätzlichen Wende-Lftm bzw. 3 Lftm als Ersatz für das 1. Stb und den M vor dem MS beginnen, den MS stets wdh, enden mit den M nach dem MS. Die 1.–5. R 1 x arb, dann die 2.–5. R stets wdh. Mit 3 R in Fb A beginnen, dann abwechselnd je 4 R in Fb B und A häkeln. Das Muster beginnt mit einer Rück-R.

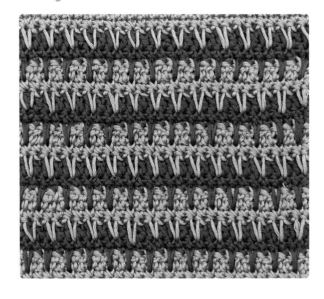

Häkelschrift

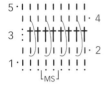

1 tiefergestochene fM: 1 fM, dabei 2 R tiefer in die fM einstechen und die M langziehen

STRUKTURRIPPEN

Lftm-Anschlag teilbar durch 2 + 1 Lftm. Gemäß Häkelschrift in R häkeln. Jede R mit 1 zusätzlichen Wende-Lftm und den M vor dem MS beginnen, den MS stets wdh, enden mit den M nach dem MS. Die 1.–3. R 1 x arb, dann die 2. und 3. R stets wdh.

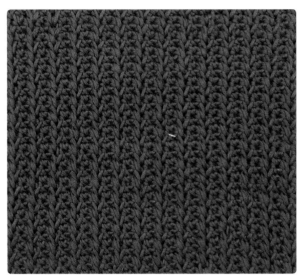

Häkelschrift

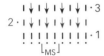

SPITZENQUADRATE

Lftm-Anschlag teilbar durch 10 + 3 Lftm. Gemäß Häkelschrift in R häkeln. Jede R mit 3 bzw. 1 Lftm als Ersatz für das 1. Stb bzw. die 1. fM und den M vor dem MS beginnen, den MS stets wdh, enden mit den M nach dem MS. Die 1.–7. R 1 x arb, dann die 2.–7. R stets wdh. Mit 6 R in Fb A beginnen, dann abwechselnd 7 R in Fb B und 5 R in Fb A häkeln.

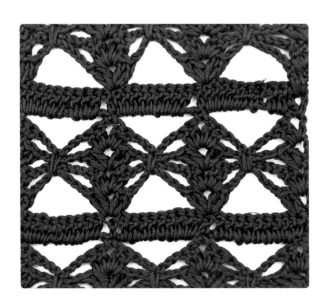

Häkelschrift

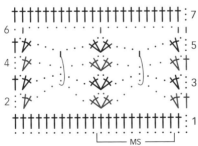

1 tiefergestochene fM: 1 fM, dabei die 3 darunterliegenden Lftm-Bögen mitfassen

= 2 bzw. 3 zus abgemaschte Stb um die 3 darunterliegenden Lftm-Bögen

Laufen die Zeichen unten zus, werden die M in eine Einstichstelle gearbeitet.

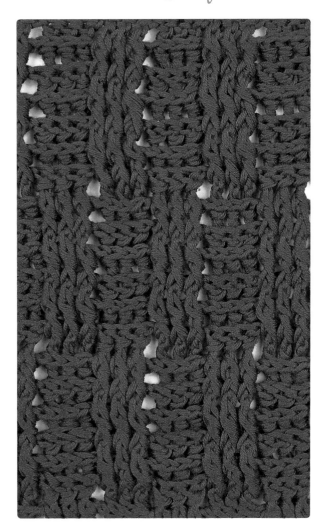

RELIEFGEFLECHT

Lftm-Anschlag teilbar durch 8 + 5 Lftm.

1. Reihe: 3 Lftm (= 1. Stb), 1 Stb in die 5. Lftm ab Nadel und je 1 Stb in die folg 2 Anschlag-M, *1 Lftm, 1 Anschlag-M übergehen, 3 Stb, ab * stets wdh, enden mit 1 Stb in die letzte Anschlag-M.

2., 4., 6. Reihe: 2 Lftm (= 1. Stb), *3 Relief-Stb von vorne (= je 1 Stb vorne nach hinten um die darunterliegende M), die Lftm mit 1 Lftm übergehen, 3 Relief-Stb von hinten (= je 1 Stb von hinten nach vorne um die darunterliegende M), die Lftm mit 1 Lftm übergehen, ab * stets wdh, enden mit 3 Relief-Stb von vorne und 1 Stb in die oberste Ersatz-Lftm.

3., 5. und 7. Reihe: 2 Lftm (= 1. Stb), *3 Relief-Stb von hinten, die Lftm mit 1 Lftm übergehen, 3 Relief-Stb von vorne, die Lftm mit 1 Lftm übergehen, ab * stets wdh, enden mit 3 Relief-Stb von hinten und 1 Stb in die oberste Ersatz-Lftm.

8., 10. und 12. Reihe: 2 Lftm (= 1. Stb), *3 Relief-Stb von hinten, die Lftm mit 1 Lftm übergehen, 3 Relief-Stb von vorne, die Lftm mit 1 Lftm übergehen, ab * stets wdh, enden mit 3 Relief-Stb von hinten und 1 Stb in die oberste Ersatz-Lftm.

9., 11. und 13. und 14. Reihe: 2 Lftm (= 1. Stb), *3 Relief-Stb von vorne, die Lftm mit 1 Lftm übergehen, 3 Relief-Stb von hinten, die Lftm mit 1 Lftm übergehen, ab * stets wdh, enden mit 3 Relief-Stb von vorne und 1 Stb in die oberste Ersatz-Lftm.

Die 1.–14. R 1 x arb, dann die 3.–14. R stets wdh.

Häkelschrift

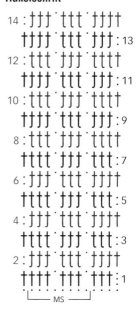

RELIEFRIPPEN

Lftm-Anschlag teilbar durch 3 + 2 Lftm.

1. Reihe: 3 Lftm (= 1. Stb), 1 Stb in die 5. Lftm ab Nadel und je 1 Stb in jede folg Anschlag-Lftm.

2. Reihe: 3 Lftm (= 1. Stb), 1 Stb, *1 Relief-DStb von hinten (= 1 DStb, dabei von hinten nach vorne um die darunterliegende M einstechen), 2 Stb, ab * stets wdh.

3. Reihe: 3 Lftm (= 1. Stb), 1 Stb, *1 Relief-DStb von vorne (= 1 DStb, dabei von vorne nach hinten um die darunterliegende M einstechen), 2 Stb, ab * stets wdh.

Die 1.–3. R 1 x arb, dann die 2. und 3. R stets wdh.

Häkelschrift

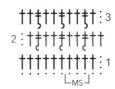

Mit Video-
lehrgang!

Zeichenerklärung für die Häkelmuster von dieser Doppelseite:

• = 1 Lftm
⌐ = 1 Kett-M
ı = 1 fM
T = 1 hStb
† = 1 Stb
‡ = 1 DStb

‡ = 1 Relief-DStb von vorne: 1 DStb, dabei von vorne nach hinten um die darunterliegende M einstechen

‡ = 1 Relief-DStb von hinten: 1 DStb, dabei von hinten nach vorne um die darunterliegende M einstechen

‡ = 1 dreifach Stb
‡ = 1 vierfach Stb

SCHIFFCHENMUSTER

Lftm-Anschlag teilbar durch 7.

1. Reihe: 7 Lftm (= 1. fünffach Stb), 1 vierfach Stb in die 9. Lftm ab Nadel, in die folg 5 Anschlag-M 1 dreifach Stb, 1 DStb, 1 Stb, 1 hStb und 1 fM, *1 Kett-M in die folg Anschlag-M, 7 Lftm, in die folg 6 Anschlag-M 1 vierfach St b, 1 dreifach Stb, 1 DStb, 1 Stb, 1 hStb und 1 fM, ab * stets wdh.

2. und 4. Reihe: 7 Lftm (= 1. fünffach Stb), 1 Relief-vierfach-Stb von vorne um das 1. hStb der Vor-R, um die folg 4 M je 1 Relief-dreifach-Stb, 1 Relief-DStb, 1 Relief-Stb und 1 Relief-hStb von vorne, 1 Relief-fM von vorne um die Lftm, *um die folg 6 M je 1 Relief-fünffach-Stb, 1 Relief-vierfach-Stb, 1 Relief-dreifach-Stb, 1 Relief-DStb, 1 Relief-Stb und 1 Relief-hStb von vorne, 1 Relief-fM von vorne um die Lftm, ab * stets wdh.

3. Reihe: 7 Lftm (= 1. fünffach Stb), 1 Relief-vierfach-Stb von hinten um das 1. hStb der Vor-R, um die folg 5 M je 1 Relief-dreifach-Stb, 1 Relief-DStb, 1 Relief-Stb, 1 Relief-hStb und 1 Relief-fM von hinten, *1 Relief-Kett-M von hinten um die folg fM, 7 Lftm, um die folg 6 M je 1 Relief-vierfach-Stb, 1 Relief-dreifach-Stb, 1 Relief-DStb, 1 Relief-Stb, 1 Relief-hStb und 1 Relief-fM von hinten, ab * stets wdh.

Die 1.–4. R 1 x arb, dann die 3. und 4. R stets wdh.

Häkelschrift

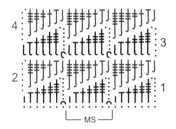

Relief-M von vorne: für die gewünschte M von vorne nach hinten um die die darunterliegende M einstechen
Relief-M von hinten: für die gewünschte M von hinten nach vorne um die die darunterliegende M einstechen

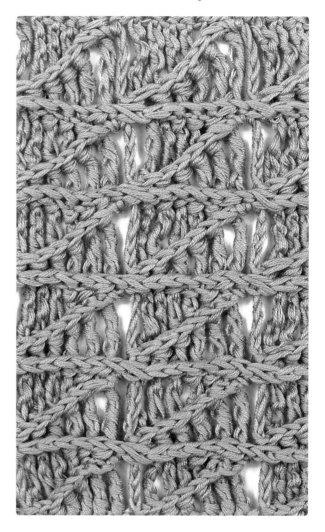

HÄKELPERLMUSTER

Lftm-Anschlag teilbar durch 2 + 1 Lftm.

1. Reihe: 3 Lftm (= 1. Stb), 1 Stb in die 5. Lftm ab Nadel und je 1 Stb in jede folg Anschlag-Lftm.

2., 3. und 4. Reihe: 2 Lftm (= 1. hStb), *1 Relief-Stb von hinten (= 1 Stb von hinten nach vorne um die darunterliegende M), 1 Relief-Stb von vorne (= 1 Stb von vorne nach hinten um die darunterliegende M), ab * stets wdh, enden mit 1 Relief-Stb von hinten und 1 hStb in die oberste Ersatz-Lftm.

Die 1.–4. R 1 x arb, dann die 3. und 4. R stets wdh.

Häkelschrift

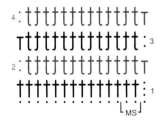

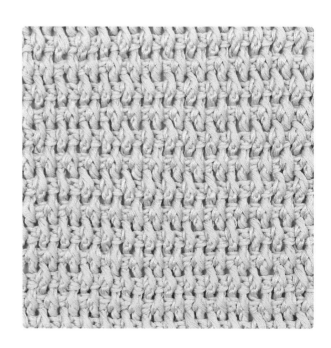

= je 1 Relief-fM, Relief-hStb, Relief-Stb, Relief-DStb, Relief-dreifach-Stb, Relief-vierfach-Stb und Relief-fünffach-Stb von vorne, dabei um die darunterliegende M von vorne nach hinten einstechen

= je 1 Relief-Kett-M, Relief-fM, Relief-hStb, Relief-Stb, Relief-DStb, Relief-dreifach-Stb, Relief-vierfach-Stb und Relief-fünffach-Stb von hinten, dabei um die darunterliegende M von hinten nach vorne einstechen

VIDEO-LEHRGÄNGE
zu allen Mustern der Doppelseite im Internet auf YouTube:
http://bit.do/Haekelmuster

MUSTER MIT *Reliefmaschen*

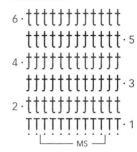

KORBRELIEF

Lftm-Anschlag teilbar durch 8 + 4 Lftm. Gemäß Häkelschrift in R häkeln. Jede R mit 1 zusätzlichen Wende-Lftm und den M vor dem MS beginnen, den MS stets wdh, enden mit den M nach dem MS. Die 1.–6. R 1 x arb, dann die 3.–6. R stets wdh.

Häkelschrift

KÄSTCHENRELIEF

Lftm-Anschlag teilbar durch 6 + 3 Lftm. Gemäß Häkelschrift in R häkeln. Jede R mit 3 Lftm als Ersatz für das 1. Stb und den M vor dem MS beginnen, den MS stets wdh, enden mit den M nach dem MS. Die 1.–7. R 1 x arb, dann die 4.–7. R stets wdh.

Häkelschrift

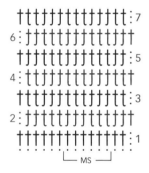

FÄCHERRELIEF

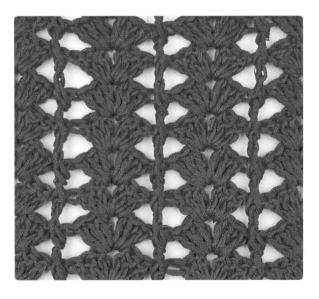

Lftm-Anschlag teilbar durch 8 + 1 Lftm. Gemäß Häkelschrift in R häkeln. Jede R mit 4 Lftm als Ersatz für das 1. DStb und den M vor dem MS beginnen, den MS stets wdh, enden mit den M nach dem MS. Die 1.-3. R 1 x arb, dann die 2. und 3. R stets wdh.

Häkelschrift

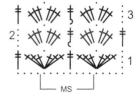

Zeichenerklärung für die Häkelmuster von dieser Doppelseite:

- • = 1 Lftm
- I = 1 fM
- T = 1 hStb
- † = 1 Stb
- ‡ = 1 DStb
- † bzw ‡ = 1 Relief-Stb von vorne: 1 Stb, dabei von vorne nach hinten um die darunterliegende M einstechen
- † bzw ‡ = 1 Relief-Stb von hinten: 1 Stb, dabei von hinten nach vorne um die darunterliegende M einstechen
- ‡ = 1 Relief-DStb von vorne: 1 DStb, dabei von vorne nach hinten um die darunterliegende M einstechen

SPITZENRELIEF

Lftm-Anschlag teilbar durch 14 + 1 Lftm. Gemäß Häkelschrift in R häkeln. Jede R mit 3 Lftm als Ersatz für das 1. Stb und den M vor dem MS beginnen, den MS stets wdh, enden mit den M nach dem MS. Die 1.–3. R 1 x arb, dann die 2. und 3. R stets wdh.

Häkelschrift

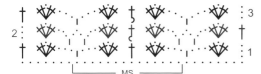

MUSCHELRELIEF

Lftm-Anschlag teilbar durch 8 + 4 Lftm. Gemäß Häkelschrift in R häkeln. Jede R mit 3 Lftm als Ersatz für das 1. Stb und den M vor dem MS beginnen, den MS stets wdh, enden mit den M nach dem MS. Die 1.–3. R 1 x arb, dann die 2. und 3. R stets wdh.

Häkelschrift

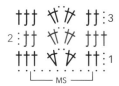

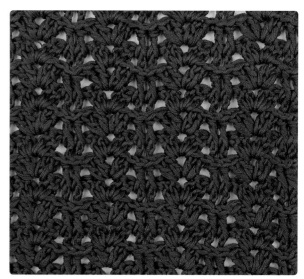

VERSETZTES RELIEF

Lftm-Anschlag teilbar durch 4. Gemäß Häkelschrift in R häkeln. Jede R mit 3 zusätzlichen Wende-Lftm beginnen, dann den MS stets wdh. Die 1.–5. R 1 x arb, dann die 2.–5. R stets wdh. Das Muster beginnt mit einer Rück-R.

Häkelschrift

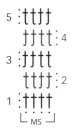

‡ = 1 Relief-DStb von hinten: 1 DStb, dabei von hinten nach vorne um die darunterliegende M einstechen

Laufen die Zeichen unten zus, werden die M in eine Einstichstelle gearbeitet.

VIDEO-LEHRGÄNGE zu allen Mustern der Doppelseite im Internet auf YouTube: http://bit.do/Haekelmuster

MUSTER MIT *tiefergestochenen Reliefmaschen*

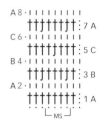

RELIEFJACQUARD

Lftm-Anschlag teilbar durch 4 + 1 Lftm.

1. Reihe – Fb A: 3 Lftm (= 1. Stb), 1 Stb in die 5. Lftm ab Nadel und 1 Stb in jede folg Anschlag-Lftm.

2. Reihe – Fb A: 1 Wende-Lftm, 1 fM auf jedes Stb der Vor-R.

3. Reihe – Fb B: 3 Lftm (= 1. Stb), 1 Stb, *1 Relief-Stb von vorne (= 1 Stb von vorne nach hinten um das 2 R tieferliegende Stb), 3 Stb, ab * stets wdh, enden mit 1 Relief-Stb von vorne und 2 Stb.

4. Reihe – Fb B: 1 Wende-Lftm, 1 fM auf jede M der Vor-R.

5. Reihe – Fb C: 3 Lftm (= 1. Stb), *3 Stb, 1 Relief-Stb von vorne, ab * stets wdh, enden mit 4 Stb.

6. Reihe – Fb C: 1 Wende-Lftm, 1 fM auf jede M der Vor-R.

7. Reihe – Fb A: 3 Lftm (= 1. Stb), 1 Stb, *1 Relief-Stb von vorne, 3 Stb, ab * stets wdh, enden mit 1 Relief-Stb von vorne und 2 Stb.

8. Reihe – Fb A: 1 Wende-Lftm, 1 fM auf jede M der Vor-R.

Die 1.–8. R 1 x arb, dann die 3.–8. R stets wdh, dabei abwechselnd je 2 R in Fb A, B und C häkeln.

Häkelschrift

FLÄCHENRELIEF

Lftm-Anschlag teilbar durch 2.

1. Reihe: 2 Lftm (= 1. hStb), 1 hStb in die 4. Lftm ab Nadel und 1 hStb in jede folg Anschlag-Lftm.

2. und 3. Reihe: 2 Lftm (= 1. hStb), 1 hStb auf jede M der Vor-R.

4. Reihe: 3 Lftm (= 1. Stb), 1 Stb auf jede M der Vor-R.

5. Reihe: 3 Lftm (= 1. Stb), *1 Stb, 1 Relief-Stb von vorne (= 1 Stb von vorne um das darunterliegende Stb der Vor-R), ab * stets wdh, enden mit 1 Stb in die oberste Ersatz-Lftm.

6. Reihe: 1 Wende-Lftm, 1 fM auf jede M der Vor-R.

7. Reihe: 3 Lftm (= 1. Stb), 2 Stb, *1 Relief-Stb von vorne (= 1 Stb von vorne um das 2 R tiefer liegende Stb), 1 Stb, ab * stets wdh, enden mit 1 Stb in die letzte fM.

8. Reihe: 1 Wende-Lftm, 1 fM auf jede M der Vor-R.

9. Reihe: 3 Lftm (= 1. Stb), *1 Stb, 1 Relief-Stb von vorne (= 1 Stb von vorne um das 2 R tiefer liegende Stb), ab * stets wdh, enden mit 1 Stb auf die letzte fM.

10. Reihe: 1 Wende-Lftm, 1 fM auf jede M der Vor-R.

Die 1.–10. R 1 x arb, dann die 7.–10. R stets wdh.

Häkelschrift

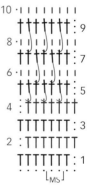

Zeichenerklärung für die Häkelmuster von dieser Doppelseite:

- **•** = 1 Lftm
- **I** = 1 fM
- **T** = 1 hStb
- **†** = 1 Stb
- **Ɉ** = 1 tiefergestochenes Relief-Stb von vorne: 1 Stb, dabei von vorne nach hinten um das entsprechende Stb oder Relief-Stb der vorletzten R einstechen
- **Ɉ** = 1 tiefergestochenes Relief-Stb von vorne: 1 Stb, dabei von vorne nach hinten um das entsprechende 1 oder 2 R tieferliegende Stb einstechen

MUSTER MIT *tiefergestochenen Reliefmaschen*

ZWEIFARBIGE RAUTEN

Lftm-Anschlag teilbar durch 6 + 2 Lftm.

1. Reihe – Fb A: 1 Lftm (= 1. fM), 1 fM in die 3. Lftm ab Nadel und 1 fM in jede folg Anschlag-Lftm.

2. Reihe – Fb A: 3 Lftm (= 1. Stb), 1 Stb auf jede fM der Vor-R.

3. Reihe – Fb B: 1 Lftm (= 1. fM), *2 fM, 1 Relief-DStb von vorne zurück um die vorletzte fM der vorletzten R, 1 Relief-DStb von vorne um die übernächste fM der vorletzten R, 2 fM, ab * stets wdh, enden mit 1 fM in die oberste Ersatz-Lftm.

4. Reihe – Fb B: 3 Lftm (= 1. Stb), 1 Stb auf jede M der Vor-R.

5. Reihe – Fb A: 1 Lftm (= 1. fM), *1 Relief-DStb von vorne um das darunterliegende Relief-DStb der vorletzten R, 4 fM, 1 Relief-DStb von vorne um das darunterliegende Relief-DStb der vorletzten R, ab * stets wdh, enden mit 1 fM in die oberste Ersatz-Lftm.

Die 1.–5. R 1 x arb, dann die 2.–5. R stets wdh, dabei in der 3. Muster-R die Relief-DStb jeweils von vorne um das darunterliegende Relief-DStb der vorletzten R arb. Abwechselnd je 2 R in Fb A und B häkeln.

Häkelschrift

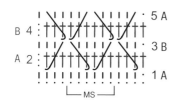

RELIEFKORDELN

Lftm-Anschlag teilbar durch 2 + 1 Lftm.

1. Reihe: 3 Lftm (= 1. Stb), 1 Stb in die 5. Lftm ab Nadel und 1 Stb in jede folg Anschlag-Lftm.

2. Reihe: 1 Wende-Lftm, 1 fM auf jede M der Vor-R.

3. Reihe: 3 Lftm (= 1. Stb), *1 Relief-Stb von vorne um das darunterliegende Stb der vorletzen R, 1 Stb auf die folg fM, ab * stets wdh.

4. Reihe: 1 Wende-Lftm, 1 fM auf jede M der Vor-R.

5. Reihe: 3 Lftm (= 1. Stb), *1 Relief-Stb von vorne um das darunterliegende Relief-Stb der vorletzten R, 1 Stb auf die folg fM, ab * stets wdh.

6. Reihe: 1 Wende-Lftm, 1 fM auf jede M der Vor-R.

7. Reihe: 3 Lftm (= 1. Stb), *1 Stb auf die folg fM der Vor-R, 1 Relief-Stb von vorne um das darunterliegende Stb der vorletzen R, ab * stets wdh.

8. Reihe: 1 Wende-Lftm, 1 fM auf jede M der Vor-R.

9. Reihe: 3 Lftm (= 1. Stb), *1 Stb auf die folg fM der Vor-R, 1 Relief-Stb von vorne um das darunterliegende Relief-Stb der vorletzten R, ab * stets wdh.

Die 1.–9. R 1 x arb, dann die 2.–9. R stets wdh.

Häkelschrift

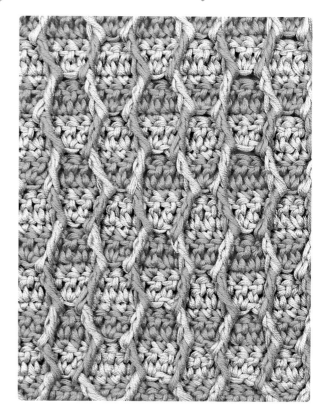

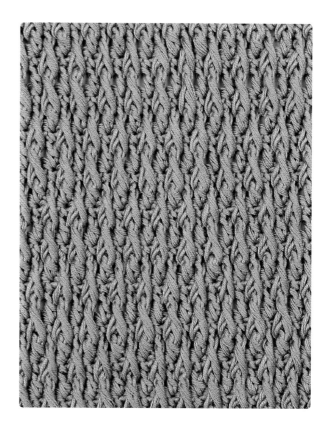

 bzw. = 1 tiefergestochenes Relief-DStb von vorne: 1 DStb, dabei von vorne nach hinten um die entsprechende fM bzw. das Relief-DStb der vorletzten R einstechen

Tapestry-Häkeln

Die mehrfarbigen Muster und Motive sind auch als Gobelinhäkelei oder als Jacquardhäkeln bekannt, in letzter Zeit hat sich aber der englische Begriff Tapestry-Häkeln auch bei uns immer stärker durchgesetzt. Ursprünglich heißt „Tapestry" „Wandteppich", „Tapisserie" oder „Gobelin" und bezieht sich auf meist großformatige gewirkte Bilder – eine der Weberei verwandte Technik. Übertragen aufs Häkeln geht es um mehrfarbige Muster, bei denen in einer Reihe oder Runde zwei oder mehr verschiedene Farben zum Einsatz kommen. Gehäkelt wird in festen Maschen, die jeweils nicht benutzten Fäden werden dabei mitgeführt und umhäkelt, sodass sie unsichtbar im Gehäkelten versteckt sind. Sieht das Muster einen Farbwechsel vor, wird bereits die vorhergehende Masche in der zweiten Farbe abgemascht und dann mit dieser weitergehäkelt, während der nun nicht mehr benötigte Faden der ersten Farbe wiederum umhäkelt wird. Mit dieser Technik können Bordüren und Motive aller Art in Häkelmaschen gebannt werden. Sie werden nach einem Zählmuster erstellt, bei dem jedes Kästchen für eine Masche steht und die jeweilige Farbe zeigt, in der die Masche gehäkelt wird.

Beim Erstellen des Zählmuster ist zu beachten, dass eine feste Masche nicht quadratisch sondern etwas breiter als hoch ist. Damit ein Motiv nicht gedrungen wirkt, muss das Raster entsprechend angelegt werden.

Wichtig bei mehrfarbigen Mustern ist der Farbwechsel. Tapestry-Muster werden mit festen Maschen gehäkelt, da diese den umhäkelten, mitgeführten Faden der anderen Farbe am besten verbergen. Im Lehrgang zeigen wir ein zweifarbiges Muster mit festen Maschen, bei dem alle drei Maschen die Farbe wechselt.

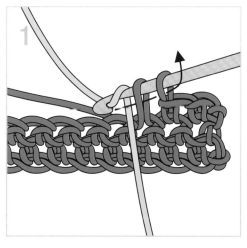

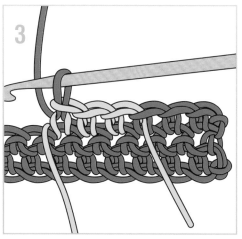

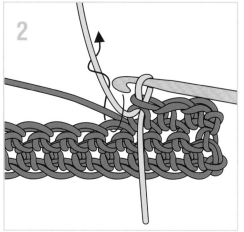

1. Beim Farbwechsel bereits die vorhergehende Masche in der neuen Farbe abmaschen. In unserem Beispiel soll die vierte Masche in Gelb gehäkelt werden, daher wird bereits die dritte Masche in dieser Farbe abgemascht.

2. In der neuen Farbe weiterarbeiten, dabei den nicht benötigten Faden der ersten Farbe auf die Maschen der Vorreihe legen und umhäkeln.

3. Die letzte Masche in der zweiten Farbe bereits in der ersten Farbe abmaschen.

4. Nach dem Farbwechsel den jeweils nicht benutzten Faden mitführen und umhäkeln. Wird die Farbe in der Reihe nicht mehr benötigt, wird er nach vorn hängengelassen.

5. Die Reihe laut Zählmuster beenden, der Faden in der nicht mehr benötigtenFarbe hängt nach vorn in der Arbeit und wird nicht mehr mitgeführt.

6. In der Rückreihe genauso arbeiten, beim Farbwechsel den hängengelassenen Faden wieder aufnehmen und bereits die vorangehende Masche in der neuen Farbe abmaschen.

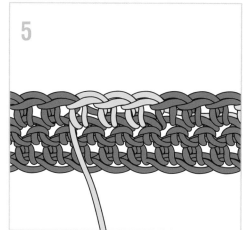

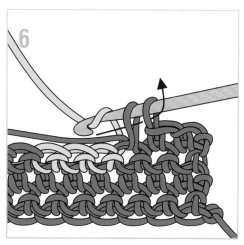

Mit Video-lehrgang!

STREIFENGEOMETRIE

M-Zahl zu Beginn teilbar durch 6 + 4 M. Gemäß Zählmuster in R mit fM häkeln. Mit mehreren Knäueln arb und beim Farbwechsel die letzte fM einer Fb bereits mit der folg Fb abmaschen. Den unbenutzten Faden stets locker mitführen und überhäkeln. Jede R mit 1 zusätzlichen Wende-Lftm und den M vor dem MS beginnen, den MS stets wdh, enden mit den M nach dem MS. Die 1.–32. R 1 x arb, dann 3.–32. R stets wdh.
Hinweis: In der 13.–16. R und 29.–32. R geht der MS über 8 M.

Zählmuster

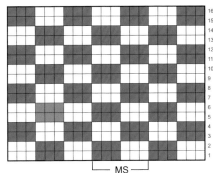

MS 13.–16. +29.–32. R

KAROMUSTER

M-Zahl teilbar durch 6 + 3 M. Gemäß Zählmuster in R mit fM häkeln. Mit mehreren Knäueln arb und beim Farbwechsel die letzte fM einer Fb bereits mit der folg Fb abmaschen. Den unbenutzten Faden stets locker mitführen und überhäkeln. Jede R mit 1 zusätzlichen Wende-Lftm und den M vor dem MS beginnen, den MS stets wdh, enden mit den M nach dem MS. Die 1.–16. R 1 x arb, dann 13.–16. R stets wdh. Das türkisfarbene Kontrastkaro kann beliebig platziert werden.

Zählmuster

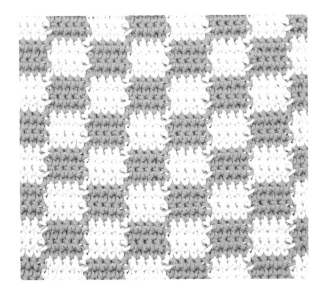

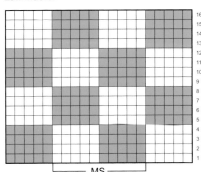

MS

SCHACHBRETTMUSTER

M-Zahl teilbar durch 10. Gemäß Zählmuster in R mit fM häkeln. Mit mehreren Knäueln arb und beim Farbwechsel die letzte fM einer Fb bereits mit der folg Fb abmaschen. Den unbenutzten Faden stets locker mitführen und überhäkeln. Jede R mit 1 zusätzlichen Wende-Lftm und den M vor dem MS beginnen, den MS stets wdh, enden mit den M nach dem MS. Die 1.–16. R 1 x arb, dann 9.–16. R stets wdh.

Zählmuster

MS

Zeichenerklärung Steifengeometrie:

1 Kästchen = 1 fM und 1 R

■ = Petrol
□ = Hellgrün   ■ = Türkis
■ = Grün   □ = Hellblau

Zeichenerklärung Karomuster:

1 Kästchen = 1 fM und 1 R

■ = Petrol
□ = Natur
■ =Türkis

Zeichenerklärung Schachbrettmuster:

1 Kästchen = 1 fM und 1 R

■ = Türkis
□ = Natur

Zeichenerklärung Raute & Parallelogramm:

1 Kästchen = 1 fM und 1 R

■ = Petrol
□ = Hellgrün

ABKÜRZUNGEN SIEHE SEITE 126

RAUTE & PARALLELOGRAMM

M-Zahl teilbar durch 10 + 2 M. Gemäß Zählmuster in R mit fM häkeln. Mit mehreren Knäueln arb und beim Farbwechsel die letzte fM einer Fb bereits mit der folg Fb abmaschen. Den unbenutzten Faden stets locker mitführen und überhäkeln. Jede R mit 1 zusätzlichen Wende-Lftm und der M vor dem MS beginnen, den MS stets wdh, enden mit der M nach dem MS. Die 1.–22. R stets wdh.

Zählmuster

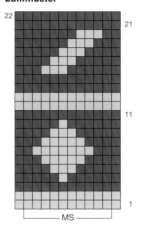

MINIBORDÜREN

M-Zahl teilbar durch 4 + 3 M. Gemäß Zählmuster in R mit fM häkeln. Mit mehreren Knäueln arb und beim Farbwechsel die letzte fM einer Fb bereits mit der folg Fb abmaschen. Den unbenutzten Faden stets locker mitführen und überhäkeln. Jede R mit 1 zusätzlichen Wende-Lftm beginnen und den MS stets wdh, enden mit den M nach dem MS. Die 1.–30. R stets wdh.

Zählmuster

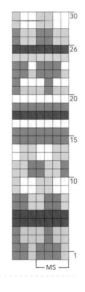

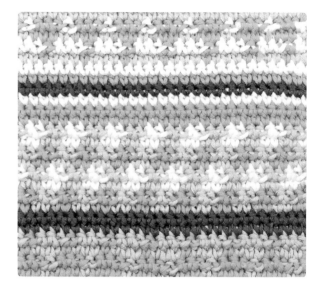

ZICK-ZACK & PUNKTE

M-Zahl zu Beginn teilbar durch 10 + 3 M. Gemäß Zählmuster in R mit fM häkeln. Mit mehreren Knäueln arb und beim Farbwechsel die letzte fM einer Fb bereits mit der folg Fb abmaschen. Den unbenutzten Faden stets locker mitführen und überhäkeln. Jede R mit 1 zusätzlichen Wende-Lftm und der M vor dem MS beginnen, den eingezeichneten MS zwischen den Linien stets wdh, enden mit den M nach dem MS. Die 1.–33. R stets wdh.

Zählmuster

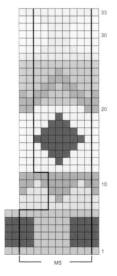

Zeichenerklärung Minibordüre:

1 Kästchen = 1 fM und 1 R

- ⬛ = Petrol
- ⬜ = Hellgrün   ⬜ = Türkis
- ⬜ = Natur   ⬜ = Gelb

Zeichenerklärung Zick-Zack & Punkte

1 Kästchen = 1 fM und 1 R

- ⬛ = Petrol
- ⬜ = Hellgrün   ⬜ = Türkis
- ⬜ = Natur   ⬜ = Gelb

VIDEO-LEHRGÄNGE
zu allen Mustern der
Doppelseite im Internet
auf YouTube:
http://bit.do/Haekelmuster

113

ROSEN

M-Zahl teilbar durch 12. Gemäß Zähl-muster in R mit fM häkeln. Mit mehreren Knäueln arb und beim Farbwechsel die letzte fM einer Fb bereits mit der folg Fb abmaschen. Den unbenutzten Faden stets locker mitführen und überhäkeln. Jede R mit 1 zusätzlichen Wende-Lftm beginnen und den MS stets wdh. Die 1.–24. R 1 x arb und mit der 1. und 2. R enden. Zum Schluss zwischen der 5. und 6. R sowie der 21. und 22. R eine R Kett-M in Rot aufhäkeln.

Zählmuster

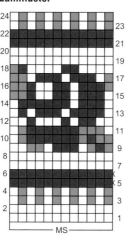

TANNENBÄUME

M-Zahl teilbar durch 15. Gemäß Zähl-muster in R mit fM häkeln. Mit mehreren Knäueln arb und beim Farbwechsel die letzte fM einer Fb bereits mit der folg Fb abmaschen. Den unbenutzten Faden stets locker mitführen und überhäkeln. Jede R mit 1 zusätzlichen Wende-Lftm beginnen und den MS stets wdh. Die 1.–32. R 1 x arb.

Zählmuster

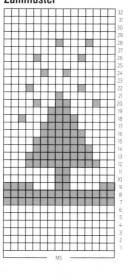

STERNE

M-Zahl teilbar durch 15. Gemäß Zähl-muster in R mit fM häkeln. Mit mehreren Knäueln arb und beim Farbwechsel die letzte fM einer Fb bereits mit der folg Fb abmaschen. Den unbenutzten Faden stets locker mitführen und überhäkeln. Jede R mit 1 zusätzlichen Wende-Lftm beginnen und den MS stets wdh. Die 1.–32. R 1 x arb. Hinweis: In der 8. und 24. R den Farbwechsel sinngemäß fort-setzen.

Zählmuster

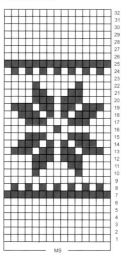

Zeichenerklärung für die Häkelmuster von dieser Doppelseite:

1 Kästchen = 1 fM und 1 R

☐ = Natur ■ = Blau
■ = Rot ▨ = Grün

HERZEN

M-Zahl teilbar durch 12 + 1 M. Gemäß Zählmuster in R mit fM häkeln. Mit mehreren Knäueln arb und beim Farbwechsel die letzte fM einer Fb bereits mit der folg Fb abmaschen. Den unbenutzten Faden stets locker mitführen und überhäkeln. Jede R mit 1 zusätzlichen Wende-Lftm beginnen, den MS stets wdh und mit der M nach dem MS enden. Die 1.–30. R 1 x arb.

Zählmuster

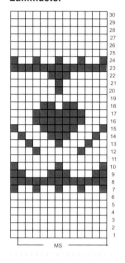

RAUTEN

M-Zahl teilbar durch 15 bzw. 14. Gemäß Zählmuster in R mit fM häkeln. Mit mehreren Knäueln arb und beim Farbwechsel die letzte fM einer Fb bereits mit der folg Fb abmaschen. Den unbenutzten Faden stets locker mitführen und überhäkeln. Jede R mit 1 zusätzlichen Wende-Lftm beginnen und den gezeichneten MS stets wdh. Die 1.–32. R 1 x arb.
Hinweis: In der 6.–9. R und 23.–26. R geht der MS über alle 15 M, in den restlichen R über die eingezeichneten 14 M.

Zählmuster

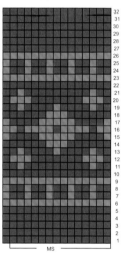

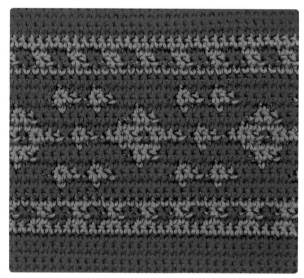

STRICHMUSTER

M-Zahl teilbar durch 5. Gemäß Zählmuster in R mit fM häkeln. Mit mehreren Knäueln arb und beim Farbwechsel die letzte fM einer Fb bereits mit der folg Fb abmaschen. Den unbenutzten Faden stets locker mitführen und überhäkeln. Jede R mit 1 zusätzlichen Wende-Lftm beginnen und den MS stets wdh. Die 1.–32. R 1 x arb.

Zählmuster

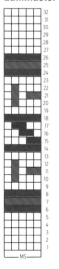

MÄUSCHEN

Motiv über 40 M. Gemäß Zählmuster in R mit fM häkeln. Mit mehreren Knäueln arb und beim Farbwechsel die letzte fM einer Fb bereits mit der folg Fb abmaschen. Den unbenutzten Faden entweder locker mitführen und überhäkeln oder vor der Arbeit hängen lassen. Jede R mit 1 zusätzlichen Wende-Lftm beginnen. Die 1.–36. R 1 x arb. Zum Schluss den Schwanz in Pink mit Kettenstichen sowie Nase und Auge in Schwarz mit je einem Knötchenstich aufsticken.

Zählmuster

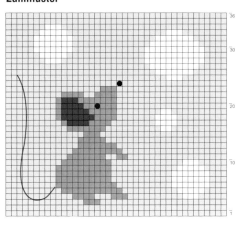

PFERD

Motiv über 47 M. Gemäß Zählmuster in R mit fM häkeln. Mit mehreren Knäueln arb und beim Farbwechsel die letzte fM einer Fb bereits mit der folg Fb abmaschen. Den unbenutzten Faden entweder locker mitführen und überhäkeln oder vor der Arbeit hängen lassen. Jede R mit 1 zusätzlichen Wende-Lftm beginnen. Die 1.–46. R 1 x arb.

Zählmuster

PALMEN

Motiv über 36 M. Gemäß Zählmuster in R mit fM häkeln. Mit mehreren Knäueln arb und beim Farbwechsel die letzte fM einer Fb bereits mit der folg Fb abmaschen. Den unbenutzten Faden entweder locker mitführen und überhäkeln oder vor der Arbeit hängen lassen. Jede R mit 1 zusätzlichen Wende-Lftm beginnen. Die 1.–34. R 1 x arb.

Zählmuster

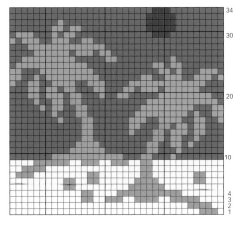

Zeichenerklärung für die Häkelmuster von dieser Doppelseite:

1 Kästchen = 1 fM und 1 R

- ☐ = Gelb
- ☐ = Natur
- ☐ = Grün
- ■ + ■ = Schwarz
- ☐ = Grau
- ■ = Pink
- ■ = Blau

FISCH

Motiv über 40 M. Gemäß Zählmuster in R mit fM häkeln. Mit mehreren Knäueln arb und beim Farbwechsel die letzte fM einer Fb bereits mit der folg Fb abmaschen. Den unbenutzten Faden entweder locker mitführen und überhäkeln oder vor der Arbeit hängen lassen. Jede R mit 1 zusätzlichen Wende-Lftm beginnen. Die 1.–38. R 1 x arb.

Zählmuster

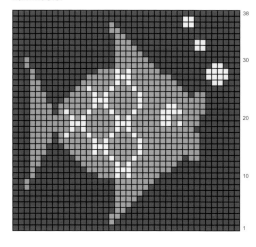

ELEFANTEN

Motiv über 34 M. Gemäß Zählmuster in R mit fM häkeln. Mit mehreren Knäueln arb und beim Farbwechsel die letzte fM einer Fb bereits mit der folg Fb abmaschen. Den unbenutzten Faden entweder locker mitführen und überhäkeln oder vor der Arbeit hängen lassen. Jede R mit 1 zusätzlichen Wende-Lftm beginnen. Die 1.–16. R 1 x arb.

Zählmuster

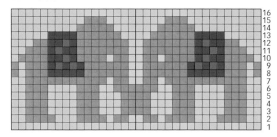

WÜSTENKAMEL

Motiv über 43 M. Gemäß Zählmuster in R mit fM häkeln. Mit mehreren Knäueln arb und beim Farbwechsel die letzte fM einer Fb bereits mit der folg Fb abmaschen. Den unbenutzten Faden entweder locker mitführen und überhäkeln oder vor der Arbeit hängen lassen. Jede R mit 1 zusätzlichen Wende-Lftm beginnen. Die 1.–39. R 1 x arb.

Zählmuster

Blüten und Blätter

Ob zwei- oder dreidimensional, ob uni oder mehrfarbig – die Flora hat Häkelnde schon immer inspiriert und zu einer Fülle von Mustern für gehäkelte Blüten und Blättern geführt. Sie können als Applikation oder Brosche eingesetzt werden, schmücken Hüte und Taschen, aber auch Jacken und Pullover.

Kleine Häkelschule
In Runden arbeiten

Viele Blüten werden von der Mitte aus in Runden gearbeitet – daher zeigen wir hier nochmal ganz genau, wie das Häkeln in Runden funktioniert. Als Ausgangspunkt kann aber auch eine Fadenschlinge dienen, die wir in der Häkelschule auf Seite 16 erklären.

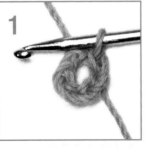

1. Die in der Anleitung genannte Anzahl Luftmaschen anschlagen und mit einer Kettmasche zur Runde schließen – hier sind es 6 Luftmaschen.

2. Drei Anfangsluftmaschen als Ersatz für das 1. Stäbchen häkeln.

3. Die in der Anleitung genannte Maschenzahl in den Luftmaschenring arbeiten – hier sind es 15 Stäbchen.

4. Um die Runde zu schließen, in die 3. Anfangsluftmasche einstechen.

5. Einen Umschlag auf die Nadel legen und eine Kettmasche arbeiten.

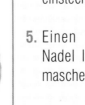

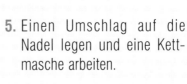

Extra
Ausführliche
Anleitung
Reihe für Reihe

ROSE

Lftm-Anschlag teilbar durch 6 + 4 Lftm.
In Rot 52 Lftm anschlagen.

1. Reihe: 1 Wende-Lftm, 1 fM in die 2. Lftm ab Nadel und 1 fM in jede folg Anschlag-Lftm.

2. Reihe: 3 Lftm (= 1. Stb), 1 Stb, 2 Lftm und 2 Stb in die 1. fM, *2 fM übergehen, in die folg fM 2 Stb, 2 Lftm und 2 Stb, ab * stets wdh.

3. Reihe: 3 Lftm (= 1. Stb), 6 Stb in den ersten 2-Lftm-Bogen, *1 fM in den folg 2-Lftm-Bogen, 7 Stb in den folg 2-Lftm-Bogen, ab * stets wdh, enden mit 1 Kett-M in den letzten 2-Lftm-Bogen.

Die Rose vom Ende her aufrollen und an der Anschlagkante zusammennähen.

Mit Video-
lehrgang!

BLATT

In Grün 9 Lftm anschlagen.

1. Runde: 3 Lftm (= 1. Stb) und 5 Stb in die letzte Lftm des Anschlags arb, dann in die folg 8 Anschlag-Lftm 4 Stb, 2 hStb und 2 fM häkeln, mit 3 Lftm zur anderen Seite des Anschlags vorgehen, dann nochmals 2 fM, 2 hStb und 4 Stb in die Anschlag-Lftm arb, mit 5 Stb, 3 Lftm und 1 Kett-M in die letzte Anschlag-Lftm enden.
Zwei Blätter häkeln und unter der Rose annähen.

Häkelschrift

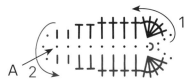

Zeichenerklärung:

· = 1 Lftm	ᛁ = 1 fM
⌒ = 1 Kett-M	T = 1 hStb
† = 1 Stb	⩔ = 5 Stäbchen in 1 Einstichstelle

Laufen die Zeichen unten zus, werden die M in eine Einstichstelle gearbeitet.

VIDEO-LEHRGÄNGE
zu allen Mustern der
Doppelseite im Internet
auf YouTube:
http://bit.do/Haekelmuster

Mit Video-
lehrgang!

GERBERA

6 Lftm in Rot anschlagen und mit 1 Kett-M
zur Rd schließen. Gemäß Häkelschrift in
Rd häkeln. Jede Rd mit 1 zusätzlichen
Steige-Lftm beginnen und mit 1 Kett-M in
die 1. M beenden. Die 1.–7. Rd 1 x arb,
dabei die 1. Rd in Rot, dann je 2 Rd in
Pink, Rosa und Rot häkeln.
Blätter: In Grün 15 bzw. 20 Lftm anschlagen, dann 1 R fM häkeln, dabei in jede
Anschlag-Lftm 3 fM arb. Die Blätter unter
der Blüte annähen.

Häkelschrift

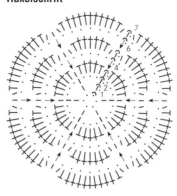

PFINGSTROSE

In Pink 36 Lftm anschlagen und gemäß Häkelschrift in R häkeln. Jede R mit 1 zusätzlichen Wende-Lftm bzw. 3 Lftm als Ersatz für das 1. Stb beginnen. Die 1.–3. R
1 x arb.
Den gehäkelten Streifen aufrollen und zu einer Blüte zusammennähen.

Häkelschrift

ANEMONE

In Rosa 6 Lftm anschlagen und mit 1 Kett-M zur Rd schließen. Gemäß Häkelschrift
in Rd häkeln. Jede Rd mit Anfangs-Lftm wie gezeichnet beginnen und mit 1 Kett-M
bzw. 1 Stb beenden. Die 1.–3. Rd 1 x arb.

Häkelschrift

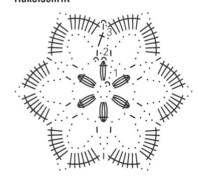

Zeichenerklärung für die Häkelmuster von dieser Doppelseite:

• = 1 Lftm	∣ = 1 fM	† = 1 Stb	‡ = 1 dreifach Stb	o = 1 Picot: 3 Lftm und 1 fM zurück in die 1. Lftm	
⌒ = 1 Kett-M	T = 1 hStb	‡ = 1 DStb	‡ = 1 vierfach Stb	↓ = 1 fM, dabei von hinten um die entsprechende 2 Reihen tiefer liegende fM herum einstechen	

STERNBLÜTE

In Orange 5 Lftm anschlagen und mit 1 Kett-M zur Rd schließen. Gemäß Häkelschrift
in Rd häkeln. Jede Rd mit Anfangs-Lftm wie gezeichnet beginnen und mit 1 Kett-M
beenden. Die 1.-5. Rd 1 x arb.

Häkelschrift

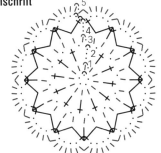

PRIMEL

6 Lftm in Rot anschlagen und mit 1 Kett-M zur Rd
schließen. Gemäß Häkelschrift in Rd häkeln. Jede
Rd mit Anfangs-Lftm wie gezeichnet beginnen und
mit 1 Kett-M beenden. Die 1.–4. Rd 1 x arb, dabei
die 1. und 4. Rd in Rot, die 2. Rd in Orange und
die 3. Rd in Pink häkeln.

Blatt: In Grün 6 Lftm anschlagen mit 1 Kett-M zur
Rd schließen. Gemäß Häkelschrift in Rd häkeln.
Jede Rd mit Anfangs-Lftm wie gezeichnet beginnen
und mit 1 Kett-M beenden. Die 1. und 2. Rd 1 x arb.
Das Blatt unter die Blüte nähen

Häkelschrift

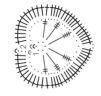

SOMMERBLUME

Mit einer Fadenschlinge in Orange beginnen, dann gemäß Häkelschrift in Rd häkeln.
Jede Rd mit Anfangs-Lftm wie gezeichnet beginnen und mit 1 Kett-M beenden. Die
1.–4. Rd 1 x arb, dabei die 2. Rd in Pink häkeln.

Häkelschrift

 = Fadenschlinge   Laufen die Zeichen oben zus, werden die M zus abgemascht, laufen die Zeichen
unten zus, werden die M in eine Einstichstelle gearbeitet.

Borten

Der krönende Abschluss: Spitzenzarte Borten. Sie können sozusagen am laufenden Band genau in der gewünschten Länge gefertigt werden und schmücken nicht nur Handtücher und Tischdecken, sondern können auch bei Jacken oder Pullovern das kleine, feine I-Tüpfelchen des Designs ausmachen. Borten können separat gearbeitet und dann angenäht werden, Sie können sie aber auch direkt an ein Häkel- oder Strickstück anhäkeln. In diesem Fall entfällt die Luftmaschenkette als Anfang und Sie beginnen direkt mit der ersten Reihe laut Häkelschrift.

Kleine Häkelschule
Kleines bzw. großes Picot

Ein beliebtes Element von dekorativen Häkeldesigns sind Picots – kleine Zacken, die einer Borte oder einem Muster noch in der letzten Reihe oder Runde ein hübsches, bewegtes Element hinzufügen und die Abschlusskante beleben.

1. Drei Luftmaschen arbeiten.

2. Zurück in die erste Luftmasche einstechen.

3. Für das kleine Picot einen Umschlag auf die Nadel legen.

4. Beide auf der Nadel liegenden Schlingen zusammen abmaschen.

5. Für das große Picot einen Umschlag auf die Nadel legen und durch die erste Schlinge ziehen.

6. Einen Umschlag auf die Nadel legen und durch beide Schlingen ziehen (= eine feste Masche häkeln).

KRÖNCHENSPITZE

Lftm-Anschlag teilbar durch 18 + 7 Lftm.

1. Reihe: 1 Lftm (= 1. fM), 1 fM in die 3. Lftm ab Nadel und 1 fM in jede folg Anschlag-Lftm.

2. Reihe: 4 Lftm (= 1. DStb), 1 halb abgemaschtes DStb (nur 2 x 2 Schlingen abmaschen) in die 1. M, 2 M übergehen, 1 halb abgemaschtes DStb in die folg M, dann alle 3 Schlingen zus abmaschen, *2 Lftm, 1 halb abgemaschtes DStb in die Einstichstelle des letzten DStb, 2 M über gehen, 1 halb abgemaschtes DStb in die folg M, dann alle 3 Schlingen zus abmaschen, ab * stets wdh, enden mit 2 Lftm, 1 halb abgemaschtes DStb in die Einstichstelle des letzten DStb, 2 M übergehen, 1 halb abgemaschtes DStb in die Ersatz-Lftm, dann alle 3 Schlingen zus abmaschen, 1 DStb in die Ersatz-Lftm.

3. Reihe: 3 Lftm (= 1. Stb) und 1 Stb in die 1. M, *3 Lftm, 4 Stb in den übernächsten 2-Lftm-Bogen, ab * stets wdh, enden mit 3 Lftm, 2 Stb in die oberste Ersatz-Lftm.

4. Reihe: 1 Lftm (= 1. fM), 3 Lftm, *in den folg 3-Lftm-Bogen 1 Stb, 2 Lftm und 1 Stb, 4 Lftm, 2 fM um den folg 3-Lftm-Bogen, 7 Lftm, 2 fM um den folg 3-Lftm-Bogen, 4 Lftm, ab * stets wdh, enden mit in den letzten 3-Lftm-Bogen 1 Stb, 2 Lftm und 1 Stb, 3 Lftm und 1 fM in die oberste Ersatz-Lftm.

5. Reihe: 3 Lftm (= 1. Stb), 2 Lftm, *in den folg 2-Lftm-Bogen 1 fM, 3 Lftm und 1 fM, 3 Lftm, in den folg 7-Lftm-Bogen 3 DStb, 1 Picot (= 4 Lftm und 1 fM zurück in das letzte DStb), 3 DStb, 1 Picot, 3 DStb, 1 Picot und 3 DStb, 3 Lftm, ab * stets wdh, enden mit in den folg 2-Lftm-Bogen 1 fM, 3 Lftm und 1 fM, 2 Lftm und 1 Stb in die Ersatz-Lftm.

Die 1.–5. R 1 x arb.

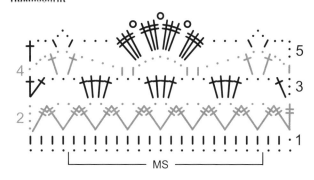

Häkelschrift

BLÜMCHENBORTE

Lftm-Anschlag teilbar durch 8 + 1 Lftm.

1. Reihe: 3 Lftm (= 1. Stb), 1 Lftm und 1 Stb in die 7. Lftm ab Nadel, *1 Lftm, 1 Anschlag-Lftm übergehen, 1 Stb, ab * stets wdh.

2. Reihe: 1 Wende-Lftm und 1 fM auf das 1. Stb, *3 Lftm, 1 Stb übergehen, in das folg Stb 1 fM, 3 Lftm und 1 fM, 3 Lftm, 1 Stb übergehen, 1 fM auf das folg Stb, ab * stets wdh.

3. Reihe: 1 Wende-Lftm und 1 fM auf die 1. fM, *einen Lftm-Bogen übergehen, in den folg Lftm-Bogen 3 zus abgemaschte DStb, 5 Lftm, 3 zus abgemaschte DStb, 5 Lftm und 3 zus abgemaschte DStb, einen Lftm-Bogen übergehen, 1 fM auf die folg fM, ab * stets wdh.

Die 1.–3. R 1 x arb.

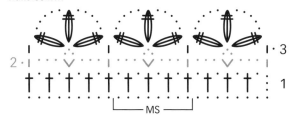

Häkelschrift

Zeichenerklärung:

- ● = 1 Lftm
- ┃ = 1 fM
- † = 1 Stb
- ┼ = 1 DStb
- ○ = 1 Picot: 4 Lftm und 1 fM zurück in das letzte DStb

Laufen die Zeichen oben zus., werden die M zus abgemascht, laufen die Zeichen unten zus., werden die M in eine Einstichstelle gearbeitet.

VIDEO-LEHRGÄNGE
zu allen Mustern der Doppelseite im Internet auf YouTube:
http://bit.do/Haekelmuster

PICOTBÖGEN

Lftm-Anschlag teilbar durch 8 + 1 Lftm. Gemäß Häkelschrift in R häkeln. Jede R mit 3 Lftm als Ersatz für das 1. Stb bzw. 1 zusätzlichen Wende-Lftm und den M vor dem MS beginnen, den MS stets wdh, enden mit den M nach dem MS. Die 1.–4. R 1 x arb. Das Muster beginnt mit 1 Rück-R.

Häkelschrift

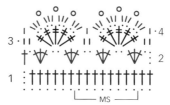

SPITZENSPALIER

Lftm-Anschlag teilbar durch 14 + 1 Lftm. Gemäß Häkelschrift in R häkeln. Jede R mit 3 Lftm als Ersatz für das 1. Stb bzw. 1 zusätzlichen Wende-Lftm und den M vor dem MS beginnen, den MS stets wdh, enden mit den M nach dem MS. Die 1.–5. R 1 x arb.

Häkelschrift

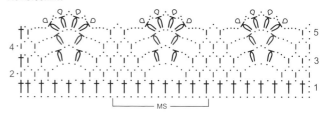

ARKADENGANG

Lftm-Anschlag teilbar durch 8 + 1 Lftm. Gemäß Häkelschrift in R häkeln. Jede R mit 1 zusätzlichen Wende-Lftm bzw. 3 Lftm als Ersatz für das 1. Stb und den M vor dem MS beginnen, den MS stets wdh, enden mit den M nach dem MS. Die 1.-5. R 1 x arb.

Häkelschrift

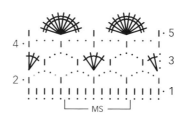

Zeichenerklärung für die Häkelmuster von dieser Doppelseite:

• = 1 Lftm	I = 1 fM	† = 1 Stb
⌢ = 1 Kett-M	⊓ = 2 zus abgemaschte hStb	‡ = 1 DStb

‡ = 1 dreifach Stb

⩔ = 1 Kett-M in die fM der Vor-R, *7 Lftm, 1 Kett-M in die 1. Kett-M, ab * noch 2 x wdh

o = 1 Picot: 3 Lftm und 1 fM zurück in die 1. Lftm

♀ = 1 Picot: 3 Lftm und 1 Kett-M zurück in die 1. Lftm

MAUERKRONENSPITZE

Lftm-Anschlag teilbar durch 8 + 1 Lftm. Gemäß Häkelschrift in R häkeln.
Jede R mit 1 zusätzlichen Wende-Lftm und den M vor dem MS beginnen,
den MS stets wdh, enden mit den M nach dem MS. Die 1.–5. R 1 x arb.

Häkelschrift

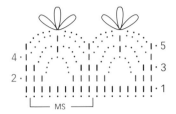

Mit Video-
lehrgang!

STERNENBORTE

Lftm-Anschlag teilbar durch 16 + 3 Lftm. Gemäß Häkelschrift in R häkeln.
Jede R mit 1 zusätzlichen Wende-Lftm bzw. 3 Lftm als Ersatz für das 1. Stb
und den M vor dem MS beginnen, den MS stets wdh, enden mit den M nach
dem MS. Die 1.–7. R 1 x arb.

Häkelschrift

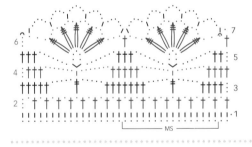

DOPPELBOGENSPITZE

Lftm-Anschlag teilbar durch 8 + 5 Lftm. Gemäß Häkelschrift in R häkeln.
Jede R mit 1 zusätzlichen Wende-Lftm bzw. 3 Lftm als Ersatz für das 1. Stb
und den M vor dem MS beginnen, den MS stets wdh, enden mit den M nach
dem MS. Die 1.-5. R 1 x arb.

Häkelschrift

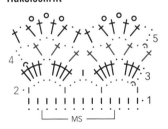

Laufen die Zeichen oben zus, werden die M zus abgemascht, laufen die Zeichen
unten zus, werden die M in eine Einstichstelle gearbeitet.

VIDEO-LEHRGÄNGE
zu allen Mustern der
Doppelseite im Internet
auf YouTube:
http://bit.do/Haekelmuster

ABKÜRZUNGEN

arb	arbeiten	R	Reihe(n)
DStb	Doppelstäbchen	Rd	Runde(n)
Fb	Farbe	Stb	Stäbchen
fM	feste Masche(n)	wdh	wiederholen
folg	folgende(n)	weiterarb	weiterarbeiten
hStb	halbe(s) Stäbchen	zus	zusammen
Kett-M	Kettmasche(n)		
Lftm	Luftmasche(n)	Ab * wdh heißt: eine größere	
LL	Lauflänge	Maschengruppe (Mustersatz) so oft wie-	
M	Masche(n)	derholen, wie angegeben.	
MS	Mustersatz		

IMPRESSUM

Konzept und Serviceseiten: Janne Graf
Fotos: W. Hofmann (Muster), M. Steinert (Titel),
S. Jendreyko (26, 100, 119), J.-P. Baser (39),
6000 K-photography (55, 88), Lang Yarns (65),
Pasqualino (73)
Modelle: Birgit Gack, Christine Oberpriller, Helga
Grebenstein, Anna Busch, Heide Opitz, Kreativteam
Lang Yarns, Claireline Chevaux, Babette Ulmer,
Umschlaggestaltung und Satz: GrafikwerkFreiburg
Litho: RTK & SRS mediagroup GmbH
Druck und Verarbeitung: Neografia, Slowakei

ISBN 6384
Art.-Nr. 978-3-8410-6384-7

© 2017 Christophorus Verlag GmbH & Co. KG,
Rheinfelden. Eine Lizenz der OZ-Verlags-GmbH

Alle Rechte vorbehalten

Herstellerverzeichnis

· Addi Handarbeitshilfen
  Gustav Selter GmbH, Hauptstraße 13–15,
  58762 Altena
· Lang Yarns: Lang & Co. AG, Mühlenhofstraße 9,
  6260 Reiden (CH)
  www.langyarns.com
· Rayher Hobbykunst, Postfach 1462,
  88464 Laupheim
· Union Knopf, Lilienthalstr. 2-4, 33689 Bielefeld

 ## Kreativ-Service

Sie haben Fragen zu den Büchern und Materialien? Frau Erika Noll ist für Sie da
und berät Sie rund um alle Kreativthemen. Rufen Sie an! Wir interessieren uns
auch für Ihre eigenen Ideen und Anregungen. Sie erreichen Frau Noll per E-Mail: **mail@
kreativ-service.info** oder Tel.: +49 (0) 5052 / 91 18 58

Besuchen Sie uns im Internet: www.christophorus-verlag.de